收入增長10倍的致富行為

固定不等於穩定，不冒險才是高風險，
不必多10倍努力，
口袋自動加深10倍的理財思維。

これからのお金の教科書
年収の伸びしろがケタ違いになる視点65

從基層小編成為LINE前執行董事、
日本電商ZOZO前執行董事
田端信太郎——著
羅淑慧——譯

大是文化

目錄

第二章　多數人計較成本，有錢人精算價值

第三章　領薪族最固定，但也最不穩定

第四章 勞動不會致富，累積資本才能創造財富

第五章 讓收入增加十倍的致富行為

第六章 不後悔繳房貸、買保險的準則

第七章 從現在開始，用投資翻轉人生

第八章 轉職，也是一種致富手段

推薦序一

建立金錢新思維，掌握人生主導權

「資工心理人的理財探吉筆記」版主／**資工心理人**

這是一本幫你重建金錢思維的書，過去華人社會總是甚少提到錢，只要好好念書、好好找一個穩定的工作，就好像一切圓滿了，畢竟我們的義務教育到大學，除了公民課，沒什麼課提到有關理財的問題。

但事實上出社會後，小從日常生活的消費，大至買車、買房，我們的一切其實都與理財離不開，沒有正確的金錢思維，你的人生很容易就會像在圈圈中奔跑的倉鼠，每天都很努力，但還是停留在原地，如同每天努力的上班，資產卻又總是無法累積。

現代社會也吹起一種風氣，叫做「財務自由」，好像只要財務自由了，就再也不用煩惱現在的工作和生活了，但很多人喊著想要財務自由，卻沒有規畫出自己心目中的財務自由是什麼樣子，不知道需要多少金錢，也不懂要如何準備。作者在書中提到，如果沒有做任何規畫，那你的夢想永遠不會實現。

財務自由也是如此，你要訂出一個目標（多少金額），推算需要多少時間來達到這個目標，才有辦法知道自己一個月平均要存多少錢，如果計算出來發現，你現在的儲蓄遠遠不能讓你達成目標，你就得思考，是不是該換工作或兼職增加收入。此時，你才算真的開始朝向目標前進。其他的目標也是，當你開始寫下自己在人生中想完成的事情，並估算這些事情所需的金額，你才有辦法逐一完成這些事項。

另外，作者也提到了一個我覺得很重要的概念，那就是如何建立自己的資本，文中舉了一位日本 YouTuber Hikakin 為例，他原本是超商店員，因為熱愛 beat box，所以錄製了許多影片上傳到 YouTube，平時也拒絕一些餐敘，把錢省下來購買影片的編輯軟體或相關設備，最後在持續的努力下，投入寶貴的金錢和時間，成就了屬於他自己的資本，收益更是增加至數十億日圓，可以說，投資自己才是最正確的投資。

藉由本書，我們能學到許多金錢運用方式，透視資本社會的生存之道，增進自己的收入，並建立屬於自己的資本，打造屬於自己的致富思維，在這個時代才不會被金錢追著跑，進而活出屬於自己的精彩人生。

推薦序二

金錢，讓你的人生有更多選擇

「小資YP投資理財筆記」版主／**陳逸朴**

近幾年來，圍繞於我們生活周遭的數字，都隨著通膨壓力而上漲，但唯獨薪水令人感到沮喪，原因不外乎是薪資提升速度趕不上物價漲幅，甚至有的薪水還停滯不前，在如此遭逢內外夾攻之下，使得人民有感生活水平陷入更困難的處境之中。

「我想要賺更多錢，獲得更多的收入！」

這是許多人的心聲，一旦沒有足夠的金錢，便無法滿足生存的最低需求，生活選項明顯被侷限，作為將自由人生當作目標的人們來說，金錢的好處在於：**為了讓**

自己可以更隨心所欲，增加更多可以選擇的人生選項。《收入增長10倍的致富行為》的作者田端信太郎是這樣告訴我們的。我深感同意，因為擁有更多選擇的生活，將帶來更多幸福快樂的可能，也能讓人更加容易尋找自己的人生意義。

只是，想達成這個目標並不容易，普通上班族想獲得更多致富的機會關鍵就在於金錢觀，書中整理六十四個作者對於金錢的看法，包含：金錢的意義、花錢的評斷方式……以及我認為最重要的篇幅，**從不同的面向說明提升個人收入的方式，藉此創造不需要十倍努力，就能獲得十倍的財富增長。**

關於提升收入的方法，我認為關鍵在於兩點：一個是透過投資讓自己成為資本家，讓金錢替你工作；另一點則是提升自我價值，主動賺取更多收入，此書在後者的著墨相當貼近市井小民。

比如，書中引用日本財經作家勝間和代的話：「以多益平均標準五百分來說，成績每增加一百分，那個人的年收入就會增加一成。」提升英文能力，就有很高的機會可以獲得較好的收入，因此對你我來說，語文能力的提升，便是一個目標明確、可實行的方向；另外，轉職也是讓收入增長的途徑，如果要透過轉職達成更好的職涯發展，就要隨時做好準備，這句話的意思是須努力提升專業技能，設法讓公司留下很需要你的印象，當你的能力不易被取代，等於你擁有更多收入的機會。

提升收入的方法其實不只如此，書中也提及現在越來越多人透過副業，為自己賺取更多的收入，雖然透過時間的付出能獲得相對應的收入，但如果興趣能與副業結合，創造出資本家的副業模式，將更能達到事半功倍的效果。

也就是說，不論採取哪一種方式，你都需要付出時間與努力，這是前往致富道路上的不二法門。

「不再需要為錢工作，而是透過金錢，讓你實現用金錢買不到的快樂以及體驗。」我想這就是此書最希望能帶給讀者們的目標，如果你擁有無法用錢衡量的事物、如果你有想追求的生活，推薦你閱讀本書，與作者一同邁向有更多選擇的自由生活。

推薦序三

把你自己視為資本家，開啟增值模式

「效率理財王」版主、理財作家／余家榮

本書提出六十四個關於金錢的新思維，有不少觀點讓我深受啟發，摘要如下：

1. 沒有很多錢，你也可以成為資本家？

作者說，所謂的資本是指追求自我增值，資本不一定是金錢或貨幣型態，推特或 Instagram 的追蹤人數、會寫程式原始碼，這些都算資本。只要能幫你自己帶來收入的特質或能力，就是一種資本。想在現代資本主義社會生存，你就是一個資本家！若想提升自我價值，該怎麼做？你可以試著增加收入、指數投資、用金錢購買時間去提高生產力。

2. 增加年收入的第一步：提高多益成績

書中提到，比多益平均標準五百分增加一百分，年收入就會增加一成。例如，在多益得五百分的經理和得九百分的經理，年收入差一．四倍。因多益成績九百分的經理，有機會能選擇在外商企業任職，而不是只能考慮日本企業。

3. 副業從興趣開始

想經營副業？你可以從興趣開始，經營Instagram等社群，讓自己擁有更多的粉絲，持續累積相關知識，變成自己的資本。

例如你對咖哩頗有心得，可以在假日透過外送平臺販售一份一千日圓，一天限量三十份的特色咖哩，光是週末就能獲得營收六萬日圓。如果賣出的咖哩在網路上引起熱烈討論，搞不好還有機會和食品製造商合作。

4. 關於買保險與投資？

作者認為，指數基金的投資遠勝於保險，例如，只要每個月投入三萬日圓購買指數基金，累積四十年之後就有極大的機率變成一億日圓（按：大約是以年化報酬率八％複利滾存的本利和）。

5. 用錢買時間：好的家電幫你開闢致富之路？

書中提到，你應該「投資」可以幫助節省時間的家電產品，雖然一開始投入的金錢貴一點，但是你可以利用這些多出來的時間去提高生產力，創造金錢，如此就能形成良好的循環。

以洗脫烘洗衣機為例，只要把髒衣服丟進洗衣機裡面，就能把衣服洗乾淨、烘乾，你可以節省晒衣服的時間，也不必擔心碰到下雨天衣服晾不乾。

書中還有很多這類有意思的金錢觀，其他的就留給你去閱讀發掘吧！

前言

求穩定，是理財的最大風險

我想幫拿起本書的你更新金錢觀念，因為想在未來貧富差距越來越懸殊的時代裡，好好享受充實的人生，這是不可欠缺的步驟。

更新金錢觀念代表什麼意義？

我想傳達兩件事給大家。

首先，「為了在未來過想要的生活，你會如何賺錢與花錢？是否能用跟金額有關的專有名詞，盡可能具體的說明自己希望如何度過未來。」

你想像得出來嗎？

能馬上侃侃而談的人應該不多，畢竟許多人都不會認真的討論或思考，「希望在人生中實現什麼事？」、「臨終時，不希望後悔的事情是什麼？」、「那件事要花多少錢才辦得到？」、「該怎麼做，才能賺到那筆錢？」

在未曾思考、討論過的情況下，不論是誰都很難付諸行動。

話雖如此，把資金當後盾的人生計畫，總讓人茫然。因為現在並非只要埋頭苦幹、勤奮工作，就不用擔心存款的時代了。

許多人無法自信的談論金錢，或許是因為身邊的人或大眾媒體在談論金錢時，總是缺乏真實感與具體性。

例如，「租房或買房，哪一個比較划算？」這個常見的辯論話題的答案，最終還是取決於「當事人的人生階段與居住地」，以及「房貸利率與房產價格」等具體條件的組合搭配。

如果設定的狀況缺乏定量數字和具體的專有名詞，那麼，就只是單純的一般理論。單純的理論無法讓人獲得幸福，也無法深入探討話題，那些理論就算聽得再多，終究得不到「就這麼辦！」的結論。

所以，我會在本書中談論自己的理財方式，同時，盡可能的搭配金額或專有名詞。為了讓讀者與金錢建立全新的關係，我已經做好坦白、全盤托出的心理準備。透過真實的話題，為各位的理財方式或人生規畫帶來靈感，並進一步思考，「如果換成自己，我會怎麼想、怎麼決定？」

還有一件事，我希望能透過這本書傳達給大家：我以個人的觀點，談論「單純的金錢」（也就是錢包裡的零錢或鈔票）與資本（帶動資本主義的原動力）之間的共通點與差異點。

馬克思主義政治經濟學（Marxian economics）認為，所謂的資本，是指追求自我增值。即便是錢，仍然有不同的差異：**單純賺進荷包，然後再花掉的「金錢」，以及為了在資本主義中存活，而作為出發點的「資本」**。

這是我希望大家能儘早察覺到的部分。

在未來，資本未必一定是金錢或貨幣型態。推特或 Instagram 的追蹤人數、會寫程式原始碼，這些都算資本。只要願意，任何事物都可以成為資本。

就這點來說，如果以資本家為目標，會有什麼風險？

有些人會把自己的技能、創意、專業知識、網路或品牌當成資本。有些人則認為，用那樣的思維適應資本主義，似乎是一種極大的風險，不過我並不這麼想。因為那些人只不過在做理所當然的事情罷了。老實說，不冒險反而是風險，畢竟沒有風險，就沒有回報。

我原本是普通的領薪族。畢業之後，我進入人們口中的穩定企業NTT DATA（全球前十大IT服務供應商、日本最大的資訊系統整合公司）工作。之後，我又陸續跳槽到瑞可利（Recruit）、活力門（Livedoor）、LINE、日本電商ZOZO等企業，現在則透過網路，經營自己的補習班，在YouTube上傳商業類的影片、在幾家經營有趣事業的風險企業擔任顧問。

就我的經驗來看，領薪族的穩定，其實就是無趣。**因為公司支付給自己的薪水很固定，所以才穩定。**

如果你對此沒有任何怨言或疑慮，就當我沒說過吧！若有，我相信本書內容，可以幫你找到與金錢相處的方法，以及在資本主義中存活的新思維。

第一章

如何從被錢支配
到用錢主宰人生？

1 有錢不一定幸福，但能讓你拒絕不喜歡的事

你是否曾經透過錢來思考人生？許多人成天想著錢、為錢煩惱，但在我的印象當中，卻很少有人會透過金錢選擇自己的人生。

我希望透過本書更新大家的金錢觀念及思維。不過，這裡的金錢並不是指單純的薪水、存款，或是支出，而是為了讓人生變得更加豐富、更具意義的選項。

首先，最重要的是，記住**金錢不只是人生的手段、單純的工具**。雖說這本來就是理所當然的事情，但大多數人往往會忘記這一點。正所謂錢生不帶來，死不帶走。從這個意義上說，如果把增加儲蓄當成人生的目的，未免太過愚蠢。

為了錢而工作。這是錯誤的。應該這麼思考：**該怎麼讓錢為自己工作？如何利用金錢或資本，讓他人為自己賺錢？**

看到我這麼說，有些人會想：「沒錢也沒關係？」這樣也不對。畢竟有人因為

缺錢而走上絕路，也有人下意識的認為，如果沒錢就不能做更多想做的事。

金錢，是為了讓自己可以更隨心所欲，增加更多可以選擇的人生選項。

俄國作家杜斯妥也夫斯基（Fyodor Dostoyevsky）曾說：「貨幣是被鑄造出來的自由。」金錢之所以美好，其本質就在於獲得自由。我不知道有錢是不是就能獲得幸福。但**只要有錢，你就有權拒絕那些自己不喜歡或討厭的事物**。

舉例來說，假設出門途中突然下雨，而且離目的地還有一段距離，這個時候，如果沒錢，你只能淋雨快走到目的地；如果有錢，你可以自由的選擇搭計程車，或認為淋雨走到目的地也沒關係。同樣都是淋雨，但心情卻截然不同。

雖然都是些微不足道的小事，但人生必然面臨接二連三的選擇。如果你的選項不會因為金錢而縮減，就能大幅提升人生的滿足度，這是件非常棒的事情。

有人對此表示：「對田端先生來說，人生的一切就是錢。」甚至有人說我是拜金主義。但我認為，這些不過是對金錢有膚淺的看法。金錢本身並沒有分好壞。它只不過是幫我們增加選項，讓擁有者獲得更多自由罷了。如何有選擇的自由？是否因此獲得幸福？一切終究取決於人，及個人對錢的哲學看法。

2 不知道十年後想賺多少，你不會有錢

「假設十年後，你能賺到滿意的收入，你希望金額是多少？」我在面試應屆畢業生時，經常拋出這樣的問題。

其實，不管答案是年收入三百萬日圓、一千萬日圓，甚至一億日圓，哪個都沒關係。因為其問題的根本，是想了解他們能否回答出有依據的具體金額。

可惜的是，大部分的學生都無法清楚的回答。也就是說，他們從未明確的想像，踏入社會之後，想過什麼樣的生活。

有些人會說：「只要收入和雙親差不多，有相同的生活品質就好。」但是，繼續問該怎麼做，才能擁有跟雙親一樣的生活品質時，他們卻不了解那樣的生活究竟需要花多少錢，可以說，因為他們對實際金額毫無概念，所以無法估算收入至少需要多少。

金錢敏感度的高低，是我用來判斷應聘者優劣的條件之一，因此，我在面試時會格外重視這個部分。說得更清楚一點，我認為那些給不出答案的人，不會認真看待人生、不在意錢包，那麼，自然不會關心公司賺進來的錢。

當然，每個人對人生有什麼期望，屬於個人自由。即使我是面試官，也沒有資格評論那樣的人生是否正確。可是，不論你期望什麼人生，仍應具體描繪未來。以應屆畢業生來說，可以試想希望如何度過二十出頭的前幾年，並思考在不斷累積經驗後能獲得多少收入，讓自己能向他人說明人生規畫。

有些應聘者則誠懇的表示：「我會盡心盡力完成交辦的工作。」就經營管理來說，這樣的人才或許更容易駕馭，不過，我不會錄用那樣的人。根據我的經驗，那種類型的應聘者往往會出現嚴重的被害者意識，然後滿嘴抱怨與不滿。

為什麼會變成那樣？因為他們沒有設定終點目標。由於掌握的未來不夠具體，讓自己看不清前方。

舉例來說，對未來的想像只有受到公司重用，並且獲得跟同事一樣的薪資待遇，但本人卻不知道該運用自己的何種素質或素養、如何努力、達成什麼目標、希望獲得怎樣的評價，甚至，也不曾把那些想法傳達給上司，並試著與上司進一步的協調，我以管理者的立場來看，這樣的員工的績效考核表現並不會太好。

每個人的欲求都不相同，例如，希望在業界闖出一番名堂、賺大錢，或希望從事能滿足求知慾的工作、創造全新的事物、受異性的歡迎……無論希望的內容是什麼，都應該積極表現出來。

當身為上司的我發現，「原來這個方向能激發他的鬥志」，我就可以進一步評估，「如果把這份工作交給他會如何？」「若把這項企劃交給他，他應該會更有鬥志。」管理起來也就更加容易。

公司和員工之間是平等且公平的關係。

一開始不明確表達自己的想法，總是客套的說：「什麼都好。」之後再來回頭抱怨跟自己想像得不一樣，這樣根本稱不上是公平。這就像某人明明想吃壽司，卻走進拉麵店，然後說其實自己想吃壽司。這種幼稚心態很難讓自己在公司裡生存。

進入某間公司工作、領薪水，只不過是個人為了達成期望的人生，所採取的工具和手段罷了。

3 大部分的夢想，只要有第一桶金就能實現

其實，思考金錢問題，等於思考現實的理想人生。

提摩西・費里斯（Timothy Ferriss）在著作《一週工作四小時》（*The 4-Hour Workweek*）中寫了一段很棒的話。

粗略來說，他想表達的意思是，騎摩托車橫越歐亞大陸，從中國一路騎到歐洲、搭熱氣球穿越沙漠，這些平凡夢想，其實只要有數十萬至數百萬日圓，就能實現。既然如此，為什麼不馬上採取行動？

例如，如果希望騎摩托車橫越歐亞大陸，必須具體思考，摩托車要買哪種機種、需要多少油資、要用哪種維護保養用品、晚上要露營或投宿、抵達國家的氣候和治安如何、是否需要簽證費……根據各種條件改變裝備和事前準備之後，還要估算必要支出。只要能算出整個旅程必須花費金額，等於朝實現夢想跨出一大步了。

如果完全不做任何調查，只是默默的看地圖，傻愣的想：「如果可以成行，該有多好？」那麼，**夢想永遠不會實現。**

再舉一個例子，大家對於擁有駕駛小型飛機的執照有什麼看法？或許大部分人認為：「這個夢想既耗時又花錢，根本不可能實現。」

可是，真的是那樣嗎？

如果想在日本考取小型飛機賽斯納（Cessna）飛機駕駛執照，的確非常吃力。可是，如果放寬視野，到菲律賓考執照的話，就可以另當別論了。

在日本，考私人飛行執照，需花費約八百萬日圓，但在菲律賓攻讀飛行員資格，據說只要三百萬日圓就夠了。飛行訓練的所需時間，也只有日本的一半。如果考取執照的國家是國際民航組織（ICAO）的加盟國，只要辦理手續，就可以把國外考取的執照，換成自己國家的執照。

在菲律賓以低廉的價格快速取得執照後，只要進一步在日本接受航空法規相關的筆試，夢想有飛行執照、駕駛小型飛機，就不再是遙不可及的夢想。

但在現實生活中，大部分的人都不會那麼做。其實不管是運用網路，或親自跑一趟旅行社，只要稍微調查一下，試著取得報價就行了，但多數人只想著：「真希望有錢有閒，這樣就可以付諸行動。」懷抱著永遠不可能成真的夢想。

有些人完全不做任何調查或檢討，卻光是羨慕、嫉妒、嘲諷那些真正做自己想做的事情的人，在我看來，那樣的行為簡直是不可思議。

想想看，希望實現的夢想需要花多少錢？如果人生在這種無知的情況下結束，就太無趣了。

4 只想賺錢沒有目標，一輩子都不會滿足

為了實現未來的理想人生，你必須估算所需要的金額。不管是MBA留學、創業投資、開咖啡廳，或開瑜伽教室，為了實現夢想，你必須隨時收集資訊，讓自己能依照根據，具體的說明所需要的金額。這是最基本的步驟。

然後想想看，相對於那筆必要資金，你現在是否擁有足夠的賺錢能力？這是在致富前，人是否能過得幸福的重要觀點。

如果你有很強的賺錢能力，就必須思考該如何運用能力。不過，我想比起賺錢能力強的人，能力不足的人應該比較多。另外，或許有人受各種原因，而不敢奢求真正想要的人生。

現在，不管你是否幸福，請先暫時把眼前的一切放到一邊，然後寫下自己希望能在一生中實現的事情，並估算需要花費的總金額。接著往回推，看看究竟需要多

少收入才夠。

有些人會略過這個步驟，直接把「變成有錢人」設定成人生的目標，然後一股腦兒的賺錢。雖然這類人在最後可能成為名符其實的成功人士，但是，這未必代表他們擁有幸福的人生。

這裡最重要的目的，是希望大家了解錢並非賺越多越好。能賺很多錢，並不代表一定能幸福。賺錢應該僅止於自己真正需要的範圍，且不應該當作人生目標。千萬不能忘記這些重點。

如果不將這些謹記在心，不論賺多少錢，終其一生都不會滿足。其實對大部分的人來說，滿足整個人生的必要金額，並不是那麼不切實際。

「萬事皆可達，唯有情無價。」這是我心目中最棒的廣告文案之一，更是一句會讓人打從心底產生共鳴的一句話。

世上有什麼東西可以用錢買得到？哪些東西又買不到？這是個難解的社會性與哲學性問題。

可是，你至少應該知道「對自己來說，用錢買不到的重要事物」是什麼。因為這是攸關個人的人生課題，只要能寫下那些事物並逐一條列出來，你的人生煩惱就會變得十分簡單。因為你只需要煩惱那些「用錢買不到的事物」，除此之外的事物，只要用錢就可以輕鬆解決。

第二章

多數人計較成本，有錢人精算價值

5 天天追著錢跑，錢越會逃跑

本書的主題是錢，既然你拿起本書，就代表你對錢有一定的重視程度。

其實，金錢的考量固然重要，但其實錢變多、**賺大錢的線索，就藏在乍看與金錢毫無關係的地方**。我敢斷言。就算重視金錢，成天想著錢，錢還是不會變多。

沒有錢的人，成天只想著錢。例如，離下次領薪日還有十天，錢包裡卻只剩三千日圓。這樣一來，一天只能花三百日圓，或許有人認為這樣還好，可是如果身上只剩下一千日圓，一天只能花一百日圓，該怎麼活下去呢？

如果還有其他需要支付的費用，情況更是雪上加霜。有些人可能因此向高利貸借錢，或被某些可疑的投資所騙，因錢加深煩惱。就像遭逢船難，在海上漂流的人，因為受不了口渴，滿腦子只想著水，於是喝了海水，結果反而更加口渴。

為了避免陷入這樣的窘境，**你應該和錢保持適當的距離，並想辦法從中找出**

讓錢變多的線索。電子商務公司ZOZO的前社長前澤友作，就曾強調過這一點：

「越是追著錢，它越會逃跑。」

就我看來，前澤出手闊綽，是因為他確信自己花掉大把鈔票後，會有更多的錢進口袋。事實上，前澤每次花錢做些事情時，他的個人品牌價值總是不減反增。有人可以理解這個悖論，也有人無法理解。

我認為只要稍微理解，就有賺錢的潛力。

經濟學提出兩個觀念：

1. 縮小均衡，以今後收入逐漸下降或不增加為前提，藉由節省開支來取得收支平衡；
2. 擴大均衡，是指收入、支出都會增加，在支出增多的同時，依照增加的數量提升賺錢的能力，藉此使收支平衡。

多數日本人對錢的認知，都是縮小均衡。因為大家認為，薪水多寡取決於公司，自己無法控制。可是這麼一來，永遠無法讓自己獲得賺錢的能力。

既然把錢看得很重，就不該只想著如何省錢，有時可以嘗試別人眼中收支不相等的消費方式，增加各種體驗與學習，這些體驗差異，會在最後轉變金錢差異。

6 廉價旅館和高檔飯店，你都該找機會體驗

《伊索寓言》裡有一個〈狐狸與葡萄〉的故事，是狐狸因為自己得不到葡萄，於是貶低葡萄。

其實花錢才獲得的體驗，也是相同道理。面對那些花錢就能得到的商品、服務或經驗時，有的人可能會因為費用昂貴，而把「浪費」作為放棄購買的藉口。然而，這個做法只會讓自己的目光變得狹隘。東西越貴越好，而廉價的物品，等於貧窮、品質差，這種不成文的觀念也一樣。

假設你去某個地方旅行，一星期的住宿費預算是七萬日圓。如果每天都投宿於一晚一萬日圓的飯店，你只能經歷一種相同的經驗；如果你選擇一晚住只需要五百日圓的旅店，另一天投宿一晚五萬日圓的五星級飯店，就能擁有兩種截然不同的經驗。這樣一來，你便可以感受到兩者之間的差異，看到不同的價值。

如果一開始就膚淺的認定，「五星級飯店住一晚就要五萬日圓，太貴了！」或「廉價旅店一晚才五百日圓，肯定不能住人！」帶著這些想法很可惜。

例如，現在有許多年輕人不開車也不買車。因為他們認為，現在是共享時代，所以不需要買車，只要有共享汽車就夠了。就經濟性與合理性來說，這個觀念非常正確。

雖說是個人選擇，不過，當你擁有自己的車，應該能擁有截然不同的經驗與感性。光憑經濟性與合理性的觀點，而決定採用共享汽車，以對事物的想法和社會的看法來說，則太過粗淺。

如果你從事市場行銷或廣告設計，你的消費體驗可能因為只利用共享汽車，沒有自己的車而變得貧瘠，結果，可能錯失汽車製造商委託的新車發表行銷專案。

或者，假設你喜歡衝浪，終其一生都在追求最高的海浪。因為不知道好的浪什麼時候會來，所以只要有好的浪，就必須馬上出發。這個時候，如果因為共享汽車沒有空位，導致無法成行，豈不是太可惜了。

面對能滿足自己感受的事物、錢買不到的東西時，如果總是優先考慮成本，你的人生就會逐漸變得貧窮。我認為若追求成本效益，應要無視預算，把錢投資在自己真正覺得有價值的事物上。為了精進自己的判斷能力，不管是紅酒、飯店、餐廳或是汽車，也不論服務品質或是價位如何，都該試著體驗。

7 怎麼花錢才不浪費？你得花了才知道

這是我近距離觀察所做出的推測，從世人的角度來看，前澤採取不切實際的消費行為（按：前澤願意為了喜歡的事物或想做的事撒錢。例如自費七百億日圓登上月球；在推特告訴網友，只要動手轉發推文，就抽一千位網友，各送一百萬日圓紅包等），是因為他根本沒有把錢放在眼裡。前澤最令人覺得不可思議的地方，是他會在自己的私人飛機裡，品嚐一瓶要價一百萬日圓的紅酒，之後又會端著一碗泡麵，誇讚泡麵的美味。這就是他和金錢的相處之道。

所謂的奢侈，唯有實際體驗，才能知道哪種奢侈是自己需要或不需要。

明明沒有經驗，卻開口批評：「買一瓶紅酒要花一百萬日圓，太浪費了。」這樣的人生已經不是金錢多寡的問題，而是價值觀很貧窮。

不管是一瓶一百萬日圓的紅酒也好，或品酒後吃兩百日圓的泡麵也罷，對前澤來說，兩種東西都是他需要的。

這並不是單純的紅酒和食物話題。**對人來說，不論是昂貴或便宜，只要是自己想要的就好。比起金額的多寡，還是應以自己的興趣和需求為優先考量。**

我曾經在ZOZO及出版《時尚》（*VOGUE*）、《瀟灑》（*GQ*）等流行時尚雜誌的媒體企業康泰納仕（CONDÉ NAST）任職，但是我對流行時尚毫無興趣，也認為挑選衣服非常麻煩。

所以，我幾乎都會提前準備好平常穿的衣服。我買了二十件符合自己體型的素面藍色T恤，幾乎整個夏天都這麼穿。那是ZOZO的自有品牌，一件只要一千日圓左右。對我來說，一千日圓的T恤和一萬日圓的T恤毫無差異。雖然我也買得起更昂貴的衣服，但因為我對時尚沒興趣，所以對我來說，這樣就夠了。

不過，若是挑選房屋，我的想法截然不同。租金五萬日圓的房屋和五十萬日圓的房屋，因環境和居住舒適度確實相差很多，所以在住家方面，我願意多花錢。

只要一次就夠了，試著在多數人認定奢侈的事物上花錢，你就能逐漸了解更適合自己的消費方式。

8

請客，不是增加開銷，是賺取聲望跟情報

你曾經請某人吃飯嗎？

我主動邀請部屬或後輩一起吃飯時，基本上都會自掏腰包請客。當我談論提及這件事時，常有人驚訝的表示：「真不敢相信，都什麼年代了，還要請部屬吃飯。」一面對這類話題，總是有人爭論該不該付錢或是否要平均分攤。

不過，至少**我沒看過，有哪個成功人士曾為了請誰吃飯，而有過半點猶豫。**

在我看來，**天底下再也沒有比請客更好的投資了。**

幫工作認真的員工加薪一萬日圓，和一個月請員工吃一頓一萬日圓以上的晚餐，哪種方式比較能夠抓住人心、提振員工的士氣？我認為，想提振員工士氣時，每個月請吃飯的互動關係，會遠比毫無溝通的加薪來得更有效果。

過去，我和前輩或上司一起吃飯時，從未付錢。因為我在這種職場文化走過來

的，所以當我成為主管階級時，也採取同樣的做法。

在日本，公司尾牙是否要繳錢也經常引發爭論。所謂的尾牙應該只有兩種：費用由公司全額支付，或由該部門的主管支付；另一種是採取部長繳一萬日圓、課長五千日圓、一般員工三千日圓等，後者做法是最沒意義的。

從一般員工的角度來看，就等於是被迫支付不想付的錢，不但要和無趣的上司打交道，還可能遭受酒精騷擾或性騷擾。願意參加那種場合的人自然會減少。

雖說現在因為新冠疫情的關係，難說未來是否有那樣的機會，但如果一年能有一次和大家一起大吃大喝、享受美食，那筆費用都應該由主管支付才對。

就算請年輕員工一起吃飯喝酒，一個人最多要花一萬日圓左右，這麼做就像小額投資，或許總有一天能得到回報，就算沒有得到回報，至少那個時候大家都過得很開心，這樣就足夠了。

「我曾請你吃飯，所以你必須答應我的請求。」不管如何，請客的目的並不是像這樣追求短期回報。總之，**對他人慷慨、大方，能為自己贏得更多的聲望與情報資訊**，最終也可能得到回報，這是亙古不變的道理。

9 成功人士都很樂於被人利用

「錢是天下之物。」這句諺語非常有內涵。意思是錢不會只停留在一處，而是流動到不同人身上。因為貧富並非固定不變，所以要認真工作，使錢回到自己的錢包裡。

因為是人決定把錢用在哪裡，讓錢實際流通於世。所以，若要獲取金錢，人就必須溝通往來。**當自己與人來往時，有時必須讓錢流到他人手中。**

大部分的人喜歡和他人一起生活，因為獨自一人太過孤單且不快樂。就算有人不喜歡和別人面對面交流，最後還是會透過推特等社交平臺，隔著螢幕和人交流、玩樂。因為讓資訊在人與人之間流通，會產生各種情緒而讓人覺得有趣。其結果會形成價值，就像人們將金錢流通稱為經濟。

從那個意義來看，雖然我不敢保證，完全不投入時間或金錢在交際上的人，絕對不可能成為有錢人，但至少相當有難度。

結婚典禮的禮金也是如此。有些人認為包禮金很浪費錢，但是，婚禮主辦方會清楚記得誰包了多少。如果給的禮金太小氣，對方可能會認為：「其實那個人根本不想來吧？邀請他是不是讓他覺得很困擾？」反而白白糟蹋了禮金。

其實，包出去的禮金不是大筆金額，如數十萬、數百萬，根本不需要太過計較。不需要為了數萬日圓的差異，去承擔那些可能影響人際關係的風險。

也許這種想法會讓大家認為我很慷慨。不過，老實說，在交流場合上，不論是什麼時刻，我總是會毫不猶豫的掏腰包。但這是因為我不喜歡被人家說：「田端很小氣。」所以才下意識的這麼做。

雖然你擁有的錢，是靠自己的努力和勞力獲得的。可是，**如果你想變成有錢人，就不該拘泥於錢，必須慷慨的和人交流。**

跟大家分享一個故事：日本前議員石原慎太郎和作家三島由紀夫曾邊喝酒，邊談論：「對男人來說，最重要的事情是什麼？」

他們將答案寫在手掌上，然後同時攤開，結果兩個人的答案都是自我犧牲。他們因此聊得十分開心，徹夜飲酒到天亮。

聽到這段故事時，我頓時恍然大悟。「為什麼賺很多錢、擁有大量資源的人，都很偉大且值得尊敬？」因為那樣的人有更多的餘力為他人犧牲。

就字面上來看，自我犧牲一詞在現代或許不討喜。但其實前澤的用錢方式，也算是一種自我犧牲。就是因為他有這種能力，所以才會變得越來越有錢。

「約會時，費用是不是應該平均分攤？」這是網路上經常引起熱議的話題，而我認為男性在約會時付餐費，是最微不足道的自我犧牲。

有些女性不喜歡不願意請客的男性，是因為她們認為連餐費都不願意幫忙付錢（犧牲）的男性，根本不可能在危急時刻來保護自己。

不論那個人多麼有錢，若他不願意為別人花錢，周遭的人絕對不會認為那個人會為他人犧牲自己。說得更直接一點，**所謂的做生意就是被人利用**。所以，如果不展現自己願意幫對方的態度，就無法轉動齒輪，創造互動良好的循環。

若要讓金錢在世間循環流通，讓人變得比過去更加有錢，就必須有人身先士卒，大膽的撒出金錢，讓錢流通循環，稍微自我犧牲，才能展開冒險、拓展機會。

10 產生了共鳴，人就會樂於掏錢

在新冠疫情的影響之下，許多商家紛紛倒閉，每聽到這類消息，總令人難過、感到可惜。我認為，如果你擔心哪家店可能倒閉，只要經常去光臨惠顧，多多消費就行了。

不論好壞，人總是不斷的變化，而**自己能參與變化的方法之一，就是自己決定錢花在哪裡**。

對於可能對社會帶來良好影響，並且能讓自己產生共鳴的人事物，人總是非常願意掏錢。相反的，就算店家提供的商品再好，如果老闆的想法和自己的理念不同，自然就不會心甘情願的付錢。

幾年前，日本人得知前澤和曾演出日劇《東大特訓班》的演員紗榮子交往時，前澤的推特就被網友灌爆。

有趣的是，有極小部分的網友說：「一想到以後去ZOZO買東西，那些錢可能會流進紗榮子的口袋，就覺得很不爽，所以我不會再去ZOZO買東西了（按：紗榮子在二十歲時就嫁給多金的職棒選手達比修有，二十五歲時離婚，曾被爆出要求巨額贍養費。之後與擁有百億資產的前澤交往。許多日本人因她的情感經歷，而產生她拜金、靠男人吃飯的印象）。」

當然，這種說法聽起來或許有點小題大作，而且是非常無聊的論點。但不可忽視的是，即便是那樣的理由，消費者永遠有權利決定，錢要付給誰。

在民主主義之下，投票給誰是個人自由，在市場經濟中，要把自己的錢付給誰，也是個人自由。**社會型態會因為大家的消費習慣而有不同**，就這個意義來說，花錢跟投票一樣。

我也想知道，收下我的錢的人怎麼使用那筆錢。自己付出去的錢，未來會創造出什麼樣的世界？會對此感到好奇是非常自然的，同時也有知道的權利。如果對方是謀取不當利潤的人或企業，我就會重新思考，是否還要購買那個商品或服務。

我很喜歡夏威夷的自然環境。假設，我在當地買一杯三百五十日圓的夏威夷產咖啡，能幫助當地農園不使用農藥來守護夏威夷的自然有機商品，就算那杯咖啡比一杯三百日圓的普通咖啡貴五十日圓，我還是會毫不猶豫的買能守護夏威夷大自然的有機咖啡。這個時候，我完全不會考量所謂的成本（當然，我偶爾也會希望多少獲得一些優惠）。

我不否定大家都有自己的想法。可是，**如果只憑成本決定怎麼使用金錢，等同於缺乏消費的美學。**

我認為縱觀世界的消費方式，才能提高個人的滿意度，同時讓每個人都開心。

11 有錢後，我更樂於投資讓別人也有錢的事業

有人說，若要成為有錢人，必須經常評估自己的生產力和預算，不過，我並不那麼認為。

我最近也開始投資某些感到有趣的人或事業，也就是所謂的天使投資人（按：angel investor，指於新創公司創立初期就開始投資的人，這些天使投資人可以在未來獲得有價債券或所有權益）。

當然，因為是投資，所以難免會期待：「有沒有可能獲得數十倍的回報？」不過，單就金錢方面的回報來看，恐怕比不過風險投資（按：又稱為創業投資，簡稱創投。由一群具有技術、財務或專業知識和經驗的人來操作，利用專業能力，透過資金與技術等，協助提升公司的經營能力。與天使投資者不同的是，因提供公司各種加值服務，及介入公司經營程度較高，所以回報要求也較高）。

既然如此，為什麼我想當天使投資人？

這樣的說法或許有點奇怪，但我認為那是一種促進關係與羈絆的儀式，為了讓人們在我死後，能感念：「很高興那個時候能獲得田端的投資。」當然，我並不是想以恩人自居，所以我不會在對方的面前說這些話。

可是，如果以天使投資人為契機，讓自己的行動留下些許痕跡，或許能讓自己在死前，覺得自己的人生相當充實，至少我是這麼期望的。

當然，**我最希望把錢投資在家人身上，讓他們變得更加幸福**。此外，我也希望能投資一些自己覺得有趣、想給予打氣的案件上。投資跟捐款不同，難免會期望有所回報。不過，以贊助人身分給予打氣的心情仍是存在的。

如果不希望在臨走前感到後悔，而是想：「幸好那時這麼做。」就更該趁現在採取行動。哪怕那些事需要花很多錢。

我認為自己不會在死前後悔的想：「如果在更年輕時開始存錢就好了，這麼一來，老後生活能變得更富饒、盡情的享樂。」相較之下，我可能後悔：「應該趁身體健康時，盡情的做想做的事，不要那麼在意錢的問題。」

甚至，我最近開始產生這樣的念頭，而且越來越強烈：應該盡情的花錢，不必過於小氣。

人總有一天會死。人也沒有辦法帶錢離開。不論怎麼說，這兩件事永遠都是不變的真理。

第三章

領薪族最固定，但也最不穩定

12 不想被老闆壓榨，你可以自己開公司

在現今的資本主義之下，有些人認為在公司上班等於被壓榨。如何看待整個公司的體制是每個人的自由，不過我的看法是，如果真的那麼討厭被公司壓榨，那就自己開公司，投入資金、登記公司行號。

因為**開設公司不需要學歷，也不需要資格**。

當然，雖然開設公司必須花費些許時間和費用，但是，如果是合同公司（按：相當於臺灣的有限公司），只要親自辦理手續，只需要花費六萬日圓實質登記許可費，就可以成立一家公司了（按：臺灣的《公司法》沒有限定資本額〔公司營運資金〕，即使只有一元，也可以成立公司）。

也就是說，任何人都可以開創出社長、資本家之路。所以我經常開玩笑：「如果求職不順，就當花一年的學費，求職一年之後，再自己開公司當社長就行了。反

正社長的頭銜，只要數萬日圓就買得到。」

不論什麼事業內容，只要成立公司，就算履歷表上面寫創業、設立公司、就任社長，也不算偽造文書，所以不會構成履歷詐欺。對於害怕履歷表沒有工作經驗可寫的人來說，比起求職不利，至少公司社長給人的印象會比較好。

基本上，公司不過是個概念罷了。因為被稱為「法人」，所以感覺像是擁有實體或人格似的，但事實上，公司既不是生命，也不是物體。沒有人會被公司毆打、和公司握手或接吻。我也有設立公司，所以非常了解這一點，事實上，公司不過是一堆文件的集合體。若是跳脫法律規範，大家只會把公司這個概念，解讀成「一個存在的實體」罷了。

如果擴大概念，國家也是相同的道理。

大家常說，美國任性妄為、中國做事骯髒、俄羅斯很恐怖——但事實上，根本沒有人找「俄羅斯」吵架。如果有，頂多只是找「俄羅斯人」吵架。

同樣的，對於自己的國家，大家總會說：「國家應該守護國民的生命財產。」但是，大家口中的國家，究竟是誰呢？

大家現在已經對國家、國民或公司等概念有共識，不過，這個共識頂多只有四、五百年的歷史。世界上最早的第一家股份有限公司是一六〇二年在荷蘭成立的東印度公司。從人類悠久的歷史角度來看，公司的成立不過是最近的事。

儘管一切都是虛構，大家到現在仍然深信不已，也正因為如此，股份有限公司、國民國家才能產生良好的機制，開創出更多不同的故事。對於利用機制來行動的人來說，機制的價值非常高。

所以，**不如成立公司，當個「利用機制」的人，而不是讓自己成為「被機制利用」的人**。

舉例來說，在手機遊戲等軟體中花錢，等於被機制利用。因為，就算這類人在遊戲裡獲勝了，事實上卻輸給資本主義（付費給遊戲公司）。如果將立場對調，創造那個機制的你，才是遊戲的真正勝利者（賺到玩家的錢）。

在埋怨被公司壓榨之前，你必須知道，因為你深信自己處於被壓榨的立場，才會產生被壓榨的感受。

13 賺大錢的關鍵：這件事我懂你不懂

「我天天認真的工作，但什麼時候才能變成有錢人？」

每當有人問我這個問題時，我都回答：「光靠打工兼差、工作領死薪水，然後省錢、存錢，沒辦法變成有錢人。」

為什麼我會這麼認為呢？其實就在於我學生時代的實際體驗。

一九九五年，當時正好是電腦作業系統 Windows 95 問世，網路時代開始趨於普及。當時，我開始承接使用 HTML（製作網頁用的標記式語言）製作企業網站的接案工作。

工作內容就像是依樣畫葫蘆似的，我必須把在 Word 上打好的編碼放進網頁裡面，有時需要改變字形，有時則需要貼圖像，光是製作一個非常陽春的網站，一個頁面就能拿到五萬日圓的報酬。

因為是接案，所以我的收入並不穩定，不過，每個月至少能入帳三十萬日圓，最多曾經達到五十萬日圓左右。

自從開始這份工作後，我再也沒辦法做領時薪的兼職工作了。因為投資報酬率太低。

在接案之前，我在專門培訓多媒體設計師的補習班 Digital Hollywood，擔任助教。當時我是大學生，所以一節七十分鐘的課程，時薪是一千五百日圓。薪資待遇不是很好。

來聽課的學生當中，有由公司支付補習費的大企業員工，而穿著短褲、夾腳拖的我，卻是那裡的老師。

授課時，學生總是狀況百出。例如，製作的網頁無法顯示。檢查原始碼才發現是HTML的標籤遺漏等，幾乎都是非常基本的失誤。雖然我只是大學生，但在外行人的眼中，我能指出錯誤並教導他們，所以商社精英仍然會敬佩的說：「謝謝老師！」這種能力關係的變化，是在餐廳或零售業兼差感受不到的。

這樣的實際體驗，讓我從一九九〇年代後半開始全力投注於網路世界，我把當時所獲得的經驗與知識當成資本，所以才能賺到比同齡領薪族多出好幾倍的錢。

我想說的是，資訊不對稱（Information Asymmetry）是賺大錢的關鍵。擺脫領死薪水的重要線索，就藏在其中。

日本職場有所謂的「應屆抽卡」，意指新入職的應屆畢業生，無法自己選擇分發的部門或直屬上司。在這種情況下，若是沒有跳脫這種思維——人無法自行決定薪資金，只能領死薪水——那麼，你永遠沒辦法成為有錢人。與其讓自己陷入這種情況並抱怨，不如掌握資訊，找出靠自己創造收入的資本。

14 月收入超過多少，你買東西再也不用看標價？

有些人的願望是生活中不再為錢發愁。如果真的變成那樣，想想看，你的日常生活會有什麼改變？

以我的感覺來說，**當月收入超過百萬日圓，購物時，就不用再看商品標價了**。

例如，我經常在上班前買咖啡。如果去咖啡廳，一杯咖啡差不多要三百日圓；而便利商店的咖啡，只要一百五十日圓。我公司附近有一間咖啡廳，行人穿越道的另一頭則有便利商店。儘管便利商店賣的咖啡比較便宜，我也不會為了省錢而刻意走到行人穿越道的另一端買咖啡。

此外，我也不太計較午餐費用。因為自己早已不把價格放在眼裡。若是一般的餐廳，不太可能會有要價超過一萬日圓的餐點。不過，不管是一千日圓或兩千日圓，只要有自己想吃的，我都會不假思索的點那份餐點。

如果你是健康的年輕人，只要稍加努力，就可以達到這個境界。

年收入五百萬日圓，再加上副業月收入四十萬日圓。在現今社會裡，像這樣年收入超過五百萬日圓的人並不少見。如果你的月收入超過百萬日圓、年收入超過千萬日圓，就有更多的時間，可以透過工作或副業，創造讓他人開心的價值。

可是，光是這樣，或許還無法令人滿足。

不知道為什麼，年收入千萬日圓的領薪族在日本似乎成了有錢人的代名詞。如果是單身，勉強還說得過去；假設同住在東京的家人還健在，年收入千萬日圓的生活，並沒有大家想像的那麼寬裕。

走進賓士或BMW的銷售中心，在不看售價的情況下，憑第一印象就買下喜歡的汽車，這樣的情境終究還是天方夜譚。

不管是日常生活，或是其他面向，光靠薪水，很難完全不用為錢煩惱。

15 努力增加金融所得，而非薪資所得

如果打算靠工作獲得比現在薪資高十倍的收入，就必須付出十倍以上的努力。以現實來說，若是犧牲大部分的事物，整天埋首工作，或許真的有可能實現，但是這樣的結果真的好嗎？

甚至，薪資所得越多，政府課徵的稅額也會增加，因此，如果你打算讓真正能拿到的錢增加十倍，必須讓薪資實際面額增加十五倍至二十倍左右。

當我的薪資所得，從年收入三千萬日圓增加到四千萬日圓時，感覺就像是擁有一間酒吧似的。

可是，當薪資所得超過三千萬至四千萬日圓之後，就算再進一步努力賺進一千萬日圓，結果不會有太大變化。因為若依照日本向薪資所得者課徵的稅額，扣除掉所得稅和住民稅之後，手邊所剩的錢，恐怕連一半都不到，若加上消費稅，等於三

分之二的收入都拿去繳稅。

薪資所得是能力負擔，所得越高，稅額就越高。相對之下，出售股票時，日本政府對資本利得或股息等的課徵稅額，是採獨立申報課稅，金融所得（投資信託或企業）不管賺多少，稅率都是固定扣二〇%。例如存了一兆日圓，必須繳納兩千億日圓的稅金，手邊能留下八千億日圓左右（按：在臺灣，投資股票也要繳稅，包刮：賣股票會產生證券交易稅〔成交金額×〇．三%〕；綜合所得稅〔可選擇合併計稅或分開計稅〕）。

所以，**如果單從金錢的觀點來看，與其努力增加薪資所得，不如利用金錢讓自己增加金融所得**，因為不管怎麼想，後者還是對稅金課徵比較有利的。

我也是個薪資所得者，年收入也超過兩千萬日圓，所以可以感受到沉重的課稅壓力，當我看到薪資明細時，不知道自己到底為什麼努力的心情，越發強烈，且深刻的感受到，就算我再怎麼努力，年收入仍無法進入下一個層次（按：作者指年收入破億）。在年收入超過三千萬日圓時，這種無力感變得更加強烈。

雖然我的金融資產不曾超過一億日圓，但是，如果能到達那種境界，我就可以藉著不動產投資信託（按：Real Estate Investment Trust，簡稱REIT。臺灣也有REIT相關產品，不過數量很少，而且類型有限，目前有七支REIT）等股息或股票持有，在什麼都不做的情況下，每年賺取數百萬日圓。我能想像，靠錢滾錢的方式，能讓自己生活無虞。若要讓自己達到那個境界，單靠薪資所得的確很困難。

例如，資產百億日圓的人，就算股價因為新冠疫情下跌，導致資產只剩下五十億日圓，也不會對他的日常生活造成太大影響；反之，只靠加班費、獎金和薪資所得，賺取年收入一千萬日圓的人，一旦因為業績下滑而使收入減半，恐怕日常生活會出現嚴重的困擾。

假設資產或收入因為新冠疫情而減半，會因為其來源是薪資所得或是金融所得，而產生極大的差異。

16 領薪族一旦執行認股選擇權，就得繳稅

二〇一六年，我在LINE擔任資深執行董事時，正好碰到LINE首次公開募股（initial public offering，簡稱IPO），因為我有獲得配額的認股選擇權（Stock option），所以那年的薪資所得達到了一億五千萬日圓。

所謂的認股選擇權，是能以預先約定的價格，取得自家公司股票的權利。在首次公開募股等行使權利時，權利行使價格和公開募股時的股價差額，便會以利潤形式變成薪資所得，於是會被課稅。

順帶一提，社會上似乎對執行董事這個職務有很深的誤解。事實上，《公司法》並沒有對執行董事做出特別的法律規範，同時，執行董事也不需要對股東負任何責任，所以原則上跟一般員工一樣。其實就像是比較高級的契約員工。

不過，或許大部分的人都認為，「公開募股之後，肯定大撈一筆。」

但事實上，日本領薪族卻必須把薪資所得利潤的五五％，拿去支付所得稅和住民稅。如果不是認股選擇權，而是販售股票的創業者，即便那筆金額再怎麼龐大，頂多只會被徵收二〇％。

「認股選擇權的利潤並不是薪資所得。」曾經有人在法庭上爭論過這個議題，不過，日本最高法院還是把那筆利潤裁定為薪資所得。

（按：在臺灣，若執行權利日股票時會超過認股價格，其差額屬於「其他所得」，應計入執行年度之所得額，依法課徵所得稅。）

不過，這種情況卻也讓我深入思考，領薪族只靠薪資所得增加年收入，到底有什麼意義？

對年收入有限的薪資所得者來說，認股選擇權或許是充滿魅力的收入來源，但是，只要你是薪資所得者，想要致富仍然是極限。

17 動不動就抱怨的人，很難成為有錢人

我不知道說什麼話能變成有錢人，但我知道輕易抱怨的人，絕對無法變有錢。例如，以人事考核來說，某人可以拿到豐厚的獎金，自己卻什麼都沒有。有人因無法接受，會脫口而出：「只有那個人受到重視，真是太不公平了。」

若知道別人的薪資或獎金高於自己，比起抱怨，你該思考自己必須做的事情是什麼。其實，只要試著想像可能的原因就行了。就算真的只是因為對方比較受上司喜愛，那麼，你還得思考：「為什麼自己不受喜愛？」

如果你想到的可能原因中有能模仿之處，只要試著學習就夠了。其實，討上司或客戶喜愛，也是工作的一部分。

例如，B先生總是從他與課長之間不經意的對話中，聽到來自部長的請託。然後，B先生會主動提供課長可能需要的資料或資訊。

如果這是他受歡迎的原因，你也可以試著模仿並協助上司。

不採取任何積極作為，只是成天想著別人憑什麼有高薪，也難怪無法提升自己的考績，薪資當然就不會有提高的機會。

仔細回頭看看現在的社會，到處都有類似的事情：不管原因，總之就是看不慣別人過得比自己更輕鬆。人家要注意千萬別被那種風氣帶壞。

第四章

勞動不會致富，
累積資本才能創造財富

18 讓富人變窮，不代表窮人能因此致富

社會本來就不公平。有人因為有太多積蓄而困擾不已，有人為了數萬日圓自殺，甚至還有人因為沒錢吃飯而餓死。看到這樣的狀況，更有人忿忿咒罵：「資本主義就是一種壓榨、剝削人的邪惡體制。」

你怎麼看待資本主義？

首先，試著回想資本主義之前的農業社會，又或更遙遠的狩獵採集社會。在那個時代，大家都為確保當天的糧食而努力生活，所以就人與人之間來說，基本上跟現在沒有太大的差異。

我認為接著看現代社會就能了解，世界的進步速度和貧富差距擴大速度，幾乎相等。有些人因為往前邁進而變得更加富饒，有些人則一直停留在原地，貧富差距自然就會越來越大。

我們來做一個思考實驗：如果沒收世上所有人的財產，然後把人關進監獄裡，那麼，就消除貧富差距了。這也算是一種徹底消除貧富差距的方式。

當然，確保平等很重要，不過，就現實來說，現在根本沒有徹底消除貧富差距的有效性對策。

世界上，有人跑得快，也有人跑得慢。有人唱歌好聽，自然也有人五音不全。人本來就是形形色色，以各式各樣的形式呈現彼此的差異，這是再自然不過的事。

在現今的網路上，如果想要避開酸民的謾罵或網路論戰，個人言論往往會變成不痛不癢的場面話。

若想真正了解現實，首先最重要的就是加強語文能力。不論是自己談論什麼或傾聽他人意見時，必須判斷那個意見是規範還是陳述。**我經常在推特等社群軟體遭到謾罵，幾乎都是因為網友們沒辦法區分出規範和陳述有什麼不同。**

規範，是「應該如何」（行動跟判斷的基準）。陳述，則是單純陳述事實或現象的言論。

例如，「天生免疫力較弱的嬰幼兒，死於傳染病的風險較高」，就醫學或科學來說，不論是古今中外，這句話是百分之百的正確。可是，如果我把這句話套在一個死於新冠肺炎的一歲幼兒身上，就被痛批：「田端太過分了，請體諒死去孩子雙親的心情！」

可是，我並沒有刻意告訴孩子的雙親那種事情，就算我沒說，從比例來看，生命力或免疫力較差的孩子，在小小年紀夭折，的確是事實，且該事實不會因我沒提起而消失。

可是，在我陳述事實後，卻遭到批評：「這麼做是在攻擊免疫力差的孩子和孩子的家人，是歧視。」這樣未免太奇怪。經濟話題也一樣。如果我說：「女性若要獨居，最好避開一樓，盡可能選擇安全性較高的房子。」或許會引起網路論戰：「安全性高的房子，租金並不便宜，有些女性根本住不起那種房子！」這就是現在的社會。

實際上是否付得起房租因人而異。如果按照網路論戰的說法，是不是只要所有女性都住一樓平房，大家就能滿意？當然不可能。

英國前首相柴契爾夫人提倡新自由主義（Neoliberalism，強調自由市場的機制，反對國家干預國內經濟、管制商業行為和財產權）、市場基本主義（Market fundamentalism）時說過：「讓富人變窮，並不代表就能讓窮人致富。」我認為這句話的意思是，不願正視貧富差距，任何人都無法變得幸福。

19 買股票、買房子、開公司，我這樣對抗通膨

我認為，今後的貧富差距會越來越懸殊。

或許有的人會覺得這番話很過分，但這既不是我的願望，也不是個人立場，而是從現實狀況來預測未來。

為什麼？

因為在遭遇新冠疫情危機，或是雷曼兄弟那種經濟危機時，政府或中央銀行唯一能做的事，只有將大把的鈔票往外撒而已。結果，**撒出去的鈔票，全都進了擁有大量股票或不動產的**貝佐斯（Jeff Bezos）、孫正義或前澤等**資本家的口袋裡**。

如果把金錢比喻成水，或許能更清楚的看見資本主義經濟的樣貌，以及貧富差距的本質。

假設，全世界的天氣一直都是晴天，那麼，各地會開始出現乾旱，生活進而陷

入困境。於是，人民紛紛要求政府想辦法，最後，政府利用人造雨把水灑向各地。

正常來說，灑出去的水應該在世界各地平等的循環，如果能那樣，自然是最理想的，但事實上，大部分灑出去的水全都聚集在少數人的身邊。因為多數一般市民用來儲水的水桶都太小了。小水桶只能貯存少量的水，即便灑向世界各地的水如密集豪雨一般，水桶一旦滿了，也就再也裝不下。

新冠疫情的防疫補助就像是灑出的水，雖說防疫補助不無小補，但終究是杯水車薪。

另一方面，某些人的資產因新冠疫情而不斷增加。例如，日本流行服飾購物網站ZOZO TOWN的大股東前澤（現在股份仍持有約一八%）便是其中一位。

政府發出疫情警戒，大家都不能外出，也不能購物。這個時候，利用電子商務的人越來越多。結果，正當整個服裝業界的業績不斷下滑的同時，ZOZO的股價卻從二〇二〇年三月的一千兩百日圓，在八月的時候攀升至近三千日圓左右，呈現倍數的成長。

這樣一來，前澤的資產便在短短的五個月內，增加數百億日圓。

世界的經濟趨勢就像這樣，一般民眾的荷包就像無數小溪，逐漸匯集成大河，最後流進某個人所打造的水壩裡面。打造那些水壩的主人便是前澤、貝佐斯、孫正義等資本家。因為他們在絕佳的場所建造個人專屬的水壩，自然能貯存大量的水。有了大型水壩之後，就算稍微碰到一些狀況，也不怕無水可用。若是一般人即使把水存放在小水桶裡，也會很快就用盡。所謂的貧富差距就是這麼回事。

如果要拯救一般人，擁有水壩的人可以把水灑向各地，減少更多人可能因為無水可喝而渴死。可是，現實往往是擁有水壩的人越來越滋潤（貧富差距越來越懸殊）。就算水壩因為壟斷、獨占而決堤，裡面的水瞬間宣洩而下，一般人擁有的小水桶，只能放任水壩裡的水向外宣洩，結果，別說是把水均分給每個人了，搞不好反而會因為洪水，而遭致龐大的損害。

對於貧富差距問題，大家總是有許多看法，不過，卻很少人了解這些經濟的現實面與基本面。正因為如此，就算有再多的怨言也無濟於事。「應該怎麼做」才是最重要的關鍵。

雖然我沒有幾百億日圓（大水壩）。不過，為了在低利率、量化寬鬆（按：

Quantitative easing，一種非正常的貨幣政策，其操作由一國的貨幣管理機構（通常是中央銀行）通過公開市場操作，以提高實體經濟環境中的貨幣供給量）等這些對所有日本人皆平等的條件之下，打造出個人專屬的大水桶，**我努力的買股票、貸款買房子、開設自己的公司，熬過經濟膨脹，然後從中受益**。

當然，每個人可以做的事情有大有小，重點是如果有辦法做，就要開展開行動，而不是什麼事都不做。

20 致富的行為，就是創造價值的行為

任何人都希望能有更多的錢。那麼，該怎麼做才能擁有更多錢？

我兒子曾經問過我：「爸爸，我可以做假鈔嗎？」

正當我覺得莫名其妙時，他接著說，因為他看了童書《怪傑佐羅力》其中一個篇章「超級有錢人」。在書中，怪傑異想天開的以為，可以藉由製造偽鈔讓自己一夜致富。當然，製造偽鈔是犯法的，所以最後他們被警察逮捕。

當時，我旁邊正好有一幅兒子畫好的畫。我跟兒子說：「如果有人願意花一千日圓跟你買這幅畫，那麼，你就等於製造一張一千日圓鈔票。」

那天是星期六，於是我跟兒子提議，出門繞一圈，看看能不能把這幅畫賣掉。

兒子一聽，眼睛發亮似的說：「可以嗎？」

我說：「當然可以，但是你不能把這幅畫強迫賣給不需要的人，不過如果有人

對這幅畫感興趣，你就可以自己決定售價。只要對方願意買，就沒什麼問題。」一開始，兒子不知道該如何是好，所以有些猶豫、卻步。因為住家距離購物中心不遠，所以我從旁推他一把：「拿去購物中心的中庭賣吧！」「還是你怕會有什麼損失嗎？」最後，兒子抱著自己的畫，走出家門。

聽到要做什麼事時，一般來說，人會有兩種反應：「反正我就是做不到」，打從一開始就不願意挑戰，以及「反正也沒什麼損失，試試看吧！」勇於嘗試。我的兒子屬於後者，所以，看到他實際採取行動，讓我感到十分欣慰。

過三十分鐘後，兒子還沒有回家，我因為擔心所以去購物中心確認狀況，結果看到兒子坐在長板凳上發呆。就像個業績掛零的銷售員似的。

「你有主動找誰攀談過嗎？」聽到我這麼問，他只是低著頭。「你這樣悶不吭聲，當然沒辦法把東西賣出去，就算賣不出去也沒關係，至少應該試著開口。」我們進行如零業績銷售員和上司之間的對談後就回家了。

雖然兒子的畫沒賣出去，不過，對我來說，光是他願意嘗試，就值得讚許了。

大家常說，錢都是從窮人身上剝削、壓榨而來的，但事實上並非如此。靠自己的能力致富的人，幾乎都會創造出賺錢的商品或資本，並找出願意掏腰包購買那些商品的人。

例如，一輛要價三萬日圓的破舊中古車，如果你擁有修理、改造的能力，就能讓它蛻變成充滿魅力且富有價值的老爺車。

這個時候，如果出現一個願意花百萬日圓購買老爺車的顧客，能稱得上從那個人身上搾取百萬日圓嗎？當然不是。那個行為和單純的時薪勞動不同，是自己創造從零到有的價值。所謂的「金錢」，便是透過這種方式創造出來的。

就算費盡力氣，在炎炎烈日下努力挖洞，如果那個洞不被需要的話，一切就沒有任何意義。可是，**如果那份勞力能創造出令某人開心或想要的事物，那份勞力就能化為金錢。那種行為就等同於創造金錢。**

不論是什麼樣的投資或副業，秉持那樣的觀點，思考該如何創造價值、如何運用自己的時間，是非常重要的事情。

21 勞動不是資本，因為取代性很高

有些人會抱怨：「明明很努力卻無法獲得認同，薪資也沒有提高……。」但其實這樣的想法本身就很有問題，因為判斷自己努力與否的人不是自己，而是別人。

這是市場經濟的基本認知。任何人都不可能因自己很努力，而自行決定薪資。所謂的市場經濟，就是一種競爭——想辦法讓自己比別人更能取悅於他人。如果對這個基本認知有所偏差，就另當別論了。

在日本，馬克思的勞動價值理論的觀念仍根深蒂固。該理論認為，勞動具有價值，根據製造商品時，人類所耗費的勞動量，來決定其價值。

在很久以前，這個理論或許十分有道理。因為勞動本身非常珍貴。花費的時間與勞力，就等同於價值。

但是，現在的全球經濟活動平等。不光只有日本人在努力。中國、越南、巴西、孟加拉、奈及利亞……世界各地也有許多人在工廠裡面辛勤的工作。

如果勞動價值理論是正確的，那麼，日本人和孟加拉人都一天內製作十條相同的毛巾，應該獲得相同的薪資才對。但事實上，他們的薪資並不同。雖然有許多日本人認為自己的薪資相當低廉，但就全世界來看，日本人單純勞動的薪資仍然屬於高薪。

很多人認為就算再怎麼努力也賺不到錢，事實上卻是相反的。多數日本人的薪資偏高，說難聽點，正因為拿到的報酬遠遠超出實力，所以更應該跳脫那種「只要努力工作就夠了」的想法。你必須把智慧轉移到另一個方向，努力思考該如何創造出專屬於自己的資本。

22 想增值？讓你的名字出現在成果上

你的工作成果上會出現自己的名字嗎？

如果總是做無法展現自己名字的工作，你的報酬、資歷就不會提升。

我過去也曾多次擔任許多大企業的社外顧問，當時的我就像個藏鏡人，完全沒有機會讓大家看到自己的名字。除非有某些特殊的機會，否則在部分業界中，根本沒辦法露臉。

老實說，那些沒有掛名的工作，讓我毫無成就感。我認為，既然自己的名字無法被外界所知，至少拿到的報酬應該要比掛名的工作多三倍。

相反的，如果那份工作可以讓自己的名字與成功的企劃有所連結，進而宣傳自己，說得更直白一點，只要那份工作的成就，可能成為自己的品牌與資本的話，就算報酬只有三分之一，我仍然會二話不說的接下來。

舉例來說，當深受矚目的大企劃對外公開時，一定會有許多媒體前來採訪。如果能以企劃的「策劃人」或「核心人物」出現在媒體報導中，便是最理想的狀態。如此，**媒體就會為自己的工作價值擔保、背書**。

這一點，正是我沒有跳槽到外商金融機構或是顧問公司的真正理由。因為外商金融機構或顧問公司，嚴格禁止把團隊拋在一旁，出面接受採訪並對外公開表示：「這份工作是我自己做的」。

除非從事十分專業的工作，否則三、四十歲工作者，根本沒有機會讓自己的名字出現在公司以外的地方，這樣的情況對二十歲的年輕人而言，更是如此。即使有能力、出色的完成工作，他們得到的唯一回報，就是他們很年輕，可以拿到高於同齡領薪族的薪資，但我還是認為這樣的買賣相當不划算。

因為，願意讓員工的名字有更多機會曝光給公司外媒體、公司，對於累積職涯資歷來說，非常難能可貴。在未來的時代裡，你應該積極挑選這樣的公司。

23 致富學第一課：創造被人利用的自我介紹

我在個人經營的線上補習班田端大學，把自我介紹當成學生的第一項功課。有些人會說：自己是哪裡人、從哪間學校畢業、在哪間公司的哪個部門工作、有什麼興趣等。

我不會把那樣的內容稱為自我介紹，因為對我來說，這只不過是履歷表罷了。所以，**我接著要求學生從資本角度來介紹自己**。

例如，如果以自我介紹的形式談論咖哩，有些人可能會說：「我很喜歡咖哩。喜歡到每天午餐都吃咖哩，就連放假時，也會去咖哩專賣店。」這樣的內容對你沒有任何幫助。

既然幾乎每天吃咖哩，你可以這樣介紹自己：「我很喜歡咖哩，如果是東京的咖哩店，不論是哪個車站，我都可以介紹名店。」或「我可以提供任何人都有辦法製作的美味食譜。」像這樣的內容，就會讓聽者對你產生興趣，甚至會主動表示想進一步了解你。

最重要的是，沒有人對你是誰感興趣。在他人眼裡，他們只在意你有什麼利用價值。

我經常說：**「所謂的資本價值，是能利用資本，對誰提供什麼程度的價值。」**

假設有一個長期臥病、隨時可能過世的老人，他在家裡藏了現金十億日圓。在這種狀況下，就算他擁有巨額資產，那個人永遠都不會是資本家。因為十億日圓不會自己增值，而且，這個老人也缺乏使用那筆現金，把價值提供給第三人的意志與能力。

唯有能使用那筆十億日圓現金，創造出世人想要的價值、服務或商品的人，才是真正的資本家。

光是擁有財力、學歷、經驗並沒有用。唯有能用財力、知識、勞動力，創造出他人所想要的某些事物的人，才具有成為資本家的資格。

24 為了成功，你願意忍受多少年的孤獨？

雖然在本章節提過許多次，不過，我還是認為大家應該再更進一步思考：「什麼是資本？」一旦意識到資本的重要性，你就足以勝過其他人。

日本 YouTuber Hikakin 原本是個超市店員。他會把自己喜歡的節奏口技（Beat box）影片上傳到 YouTube，但在二〇一〇年的日本，YouTube 並沒有那麼盛行。

雖然有許多外國網友看他的影片，但 Hikakin 在日本卻沒沒無聞。就算申請 YouTube 合作夥伴計畫（按：利用 YouTube 上的內容達到營利目的，協助 Youtuber 打造專屬的頻道和觀眾），也遭到拒絕。因為不甘心，所以他更加勤奮的上傳影片，企圖讓 YouTube 反過來邀請他加入合作夥伴計畫。

那時候的他住在超市的員工宿舍，身邊的朋友總會在領薪日邀他去暢飲狂歡，不過，他毅然拒絕，並把錢拿去購買影片的編輯軟體或相關設備。因為不斷投資自己，他最終有了極大的成果：在現在的日本，Hikakin 是個街頭巷尾、大人小孩都認識的公眾人物，收益更是增加至數十億日圓之多。

在我看來，Hikakin 打從超市店員開始，就已經是出色的資本家。因為他沒花錢飲酒作樂，而是持續把自己賺到的錢投資在日後可能增值的事物上。

對現在的日本小學生來說，Hikakin 宛如天神一般。而 YouTuber 更是小學生志願排行榜中的熱門選項，就連我兒子也說：「Hikakin 真的好厲害！」

我對兒子說：「Hikakin 厲害的地方，是朋友找他出去玩樂時，他為了自己的將來而拒絕邀約，做出了自我投資。」

在旁人眼中，這樣的行為或許很蠢，甚至有時會感到非常孤獨。就算如此，你能毅然的下定決心賭上一把，為了創造專屬於自己的資本，投入寶貴的金錢和時間嗎？那份決心的強度，將會在未來顯現出極大的差異性。

25 增加年收入的第一步，提高多益成績

有些人對投資或節稅相關的金融商品很感興趣。

在我來看，我認為必須先評估那個人的收入、資本和資產有多少。不論是節稅或資產投資，本金不夠多的人，基本上不需要繳納那麼多稅金，而且投資回報也不會有那麼高的金額。

如果年收入未滿千萬日圓，與其把時間浪費想怎麼投資和節稅，倒不如先想辦法增加收入，例如，把時間和勞力投入怎麼提升多益（TOEIC）成績，反而比較實際。

日本暢銷財經作家勝間和代曾表示，**以多益平均標準五百分來說，成績每增加一百分，那個人的年收入就會增加一成。**

例如，在多益得分五百分的經理和得九百分的經理，兩人的年收入相差了一・

四倍。因為多益成績九百分的經理，能在外商企業任職，而不是日本企業。

或許這只是客觀且統計性的數據，但我認為這個論點十分正確。

基本收入扣掉支出之後，剩餘的金額乘以每年五％、一〇％的比例之後，便是投資或節稅的成果，所以在低收入的狀態下，就邏輯來說，不可能成為有錢人。既然如此，如果年收入未滿千萬日圓，應先想辦法提高自己的年收入。等到年收入超過兩千萬至三千萬日圓後，再開始適當的節稅或投資。

只要持續這麼做，就會確實增加資產。為此而把時間投資在提升個人價值的轉職或副業，並持續實踐金錢相關的全新嘗試，才會更加有意義。

26 把時間和金錢，集中在自己可控制的事物

人的金錢和時間有限，所以最重要的關鍵，是把時間跟金錢集中在自己可以控制的事物上。

我常說：「**自我投資便是最棒的投資。**」因為這是我們自己能控制的投資。

假設你花兩千日圓買了多益考古題，你會只看一次就丟到一旁？或是連續看上百次，直到滾瓜爛熟為止？這些完全都是個人能控制的。

就投資目標來說，與其購買自己幾乎無法控制、受網路企業股價影響的投資信託，不如把時間和金錢投入自己可以控制成果的多益考古題，然後反覆的訓練。

而且，最近有很多不需要花太多成本的投資。例如，市面上有許多免費的應用程式或YouTube頻道，提供了學習管道。只需要投入時間，根本不用花錢。

換句話說，擁有完善環境卻不願意自我投資的人，除非非常幸運，否則很難致

富、成為有錢人。

順道一提，也有人把自我控制解釋成忍受討厭事物，但事實上並非如此。

我並不認為自我控制有什麼難度。困難的是把周遭的聲音徹底杜絕在外，所以關鍵就在於該如何讓自己不受那些雜音的影響，某種程度上，也可稱為鈍感。我認為那種作為或態度，正是自我控制的能力核心。

例如，過去我曾經深陷在活力門事件的風波中（按：活力門及旗下子公司涉嫌違反證券交易法），歷經過收拾嚴重事態的殘局與重振媒體事業。之後，那個事件成了我的成就，讓我在之後的職場生涯中，能更充分的利用當時的經驗。

雖然和準備多益考試有些許不同，但從增加個人品牌價值與資本的角度來看，毅然決然的決定留在活力門，促使企業重生，或許也可說是我對自己的投資。

在他人眼中看來，往往會覺得非常不可思議。「肯定非常辛苦吧？」「為什麼不快點逃離那裡？」的確，看到當時媒體騷動的情況，大部分的人難免會想：「活力門被摘牌了！」「摘牌後，就會倒閉了吧？」不論是電視新聞或是報紙，全都吵得沸沸揚揚。

雖然我沒辦法消除那些來自媒體的雜音，但是，我可以盡自己的全力，努力減少導致活力門倒閉的機率。我只不過把眼前的障礙逐一剔除罷了——「控制自己所能控制的」。

我當時不理會他人如何品頭論足，專注公司當下的實際狀態，在自己能做的範圍內盡可能做到最好。最後，應該就能翻轉公司在社會上的負面形象。

他人是他人，自己是自己。先控制自己，不被世間的氛圍所迷惑，便能不斷的自我提升。

第五章

讓收入增加 10 倍的致富行為

27 撥一部分賺到的錢，買最新資訊

在市場營銷、廣告、傳播的世界裡，我常說：「**消費者如果不夠好，生產者就不會變好。**」我認為，消費者應該不惜把錢花在最優質的事物上。

對於在電腦科學或生物科技領域從事研究開發的人來說，這就像另一個世界的話題。可是，從事業務、傳播或市場行銷、事業開發等商務工作的人，必須以消費者的身分體驗世界的最先進科技。

如果他們不實際體驗、了解迄今的優點，就無法創造全新的優點。

舉例來說，如迪士尼等娛樂企業找你合作，且要求你提出符合未來的客戶招攬方案。若你沒去過迪士尼樂園，就沒辦法提案。

海外度假村的實際體驗也是如此。二〇〇五年，我經常到東南亞等地旅行，且在當地受到不少衝擊。例如，飯店、餐廳、按摩等服務業，在日本需要花費五萬日圓、十萬日圓，在那裡只需要五千日圓、一萬日圓就可以體驗到。

那些體驗讓我深刻感受到日本的危機。相較於東南亞，日本溫泉旅館的員工雖然為客人提供頂級服務，工作十分辛苦，但這些人的生產力卻偏低，薪資也不高。

事實上，迄今為止，日本一直是最受中國歡迎的旅遊地點，但是，排行位居第二名的泰國的服務品質正在逐漸提升。或許日本的服務不再是全世界最優質的。

如果你是溫泉旅館的老闆，只要能實際走一趟泰國的觀光勝地，親身體驗、感受，賺錢的能力肯定會比缺乏親身體驗的情況高出許多。

這種情況套用在我身上也一樣，我可以透過媒體或書籍，對外提供各種不同的資訊，但是，如果我希望提供更多讓人願意花時間或金錢閱讀的有價訊息，就必須獲取更多的資訊。就像壽司達人每早都會到市場採購食材般，各界專家必須持續的吸收新資訊，而用來增加資訊的費用，絕對是必要的經費。

聽說勝間和代把出版第一本書的版稅，全部用來自我投資。如果她當初沒那麼做，或許她的人生就只會有那一本書。

不論從事什麼工作，吸收新知識、新經驗都是絕對必要的。

28

提升英文和網路素養，你的收入會高兩成

你有沒有網路素養（按：Net literacy，具備了解網路功能、應用網路資源、檢索、處理、利用和評估網路資源的能力）？網路素養究竟會對人生造成多大的影響，至今仍有許多人不以為意。

新冠疫情的爆發，使得網路素養的差距變得更加明顯。

不管是工作還是生活，許多事情的做法跟過去不一樣。這時，理解和洞察新科技，或英語等能力也包含在內的廣義素養，就顯得格外重要，即便是擁有相同實力、技能的人，收入可能因此而大有不同。

擁有某專業領域的知識和技術，但不會英文；擁有自己的網站，卻無法利用社群平臺與世界接軌，這類人或許過去沒碰上什麼問題，但未來恐怕勢必會面臨一大考驗。

有素養和沒素養的人的收入差距，或許相差數倍至數十倍。

只要具備英語和網路的素養，就能從世界各地尋找能成為顧客的人；網路上也有無數支援全新商業形式的服務。是否能將那些服務變成自己的囊中物，兩者之間的差異也會顯現在個人收入上。

不光是收入面，就連生活水準也會出現差異。若以經濟學來說，所謂的生活水準，是指購買力（收入／支出）。

假設，擁有英語和網路素養的人，可以增加約兩成的收入，原本「收入一〇〇／支出一〇〇」的指標，就會變成「收入一二〇／支出一〇〇」。

甚至，這類人能以低於售價兩成的價格，購買到相同的物品或服務，其購買力就會變成「收入一二〇／支出八〇」，等於擁有一．五倍的購買力。

也就是說，只要利用科技翻轉賺錢和消費，就算沒有額外付出勞動，也能自由的做自己想做的事情。

29 決定價格的，不是成本而是需求

我從中學開始就對經濟、商業體制十分感興趣。也因此，我從那時起，一直是「簡單經濟學」（至今仍在日經報紙上連載的專欄）的忠實讀者。

當時，最令我印象深刻的話題，是「為什麼在東京銀座的咖啡廳買一杯咖啡，要花一千日圓？」一般來說，咖啡廳的咖啡頂多一杯三百至四百日圓而已。

有天某電視節目正在介紹銀座咖啡，我母親說：「銀座地價高、租金貴，難怪一杯咖啡要賣上一千日圓。」但是，簡單經濟學卻提出完全不同的論點：銀座咖啡之所以貴，並不是因為租金、人事成本高所導致。而是因為銀座聚集許多就算花一千日圓買咖啡也無所謂的有錢人，所以銀座的租金才會變貴。

那篇專欄的解說如下：若從經濟學的角度來看，一杯一千日圓的咖啡並不是供應端的陰謀，而是基於需求端所做出的考量。因為銀座聚集了許多有能力支付昂貴咖啡的富人階層。所以銀座的土地價格才會高漲。

其實我不太相信成本決定價格的論點，而那篇專欄解說，總算讓我豁然開朗。**為什麼人會聚集在東京，還對東京充滿憧憬？因為東京這個都市充滿價值。**

即便是現在，不管是鄉下或是大都市，都可以找到一杯咖啡兩百日圓的咖啡廳。但是，如果是一杯上千日圓的精品咖啡，或許只有東京才有。因為除了如東京般的大城市，沒有人願意花上這麼多錢買一杯咖啡。

我出生在石川縣小松市（按：位於日本本州南部），從高中開始，就十分嚮往東京。我很喜歡音樂，但是，當時並不像現在有YouTube或其他音樂平臺，除非到大都市裡的專輯專賣店，否則根本沒有機會接觸到新音樂或是外國音樂。

唯有東京才能滿足這些小眾需求，或是貴重物品的需求。**這便是東京吸引人們聚集的動機，進而創造龐大的經濟價值，結果，導致租金與土地價格上漲。**

30 價格、價值，別再傻傻分不清

推特創辦人之一比茲．史東（Biz Stone）曾在演講時說過一段很棒的言論。

價值（Value）和價格（Price），不能相提並論。例如，維基百科（Wikipedia）和 Linux（按：一種自由和開放原始碼的類 UNIX 作業系統），在網路上的價值是大家有目共睹的。可是，我們卻無法對它訂價、做出定位。

那麼，沒有價格就代表不具有價值嗎？當然不是。相反的，價格昂貴也未必等於有價值。價值會因人、時間和場合而有不同。

有個明顯表現價格與價值差異的案例。這也是前澤的故事，他曾把自己的車子當成社長獎，送給勤奮工作的 ZOZO 員工。

當然，前澤的車都非常高級車，但是，收到這份禮物的員工未必感到開心。

因為是名車，所以需要花很多錢跟精力保養；因為是禮物，所以也不方便出售給其他人。我不知道這樣算不算是一種令人感激的困擾，但至少可以肯定的是，車子本身的價格，和收下禮物的人所感受到的價值截然不同。說個題外話，從那之後，他有時會把送給員工的禮物改成手錶，而不是車子。的確，手錶不需要花費保養費，而且價格與價值幾乎相同。

我過去一直從事業務工作，**對顧客銷售商品時，我會隨時留意價格與價值的差異。因為只要注意到這個部分，就能以更高的價格，把商品賣出去。**

銷售商品時，業務對客戶報價時，會十分嚴格的審查價格的合理性與依據。說明報價依據的方法，大略可分成兩種：利用價值作為定價基礎、從成本來考量如何定價。

假設公司剛剛發明了一臺電梯。如果你是電梯公司的業務，你正準備把電梯販售給建築物的業主，你會怎麼定價呢？

如果是用成本來思考，業務就會想：「如果把電梯製造費用、鐵板、鋼筋纜繩、馬達的費用，還有其他各項費用全部加總起來，成本共計一千萬日圓。而我們公司至少要有一〇%利潤，所以銷售價格就定為一千一百萬日圓。」這個時候，你有辦法以這樣的依據對業主做出說明嗎？

我較偏愛以價值作為基礎來定價。首先，我會請業主試著想像建築物裝設電梯後的價值。

五層樓的建築物如果沒有電梯，高樓層的租金就會比較便宜，但相對的，願意承租的人也會變少。因為人願意爬樓梯的樓層，頂多只到三、四樓而已。一旦建築物有了電梯，願意承租五樓的人應該就會增加。透過合理推測，我告訴建築物業主：「有了電梯，就不必壓低五樓的租金，估算下來，這樣的投資相當划算。」

甚至，如果電梯才剛開發，生產數量不多，而出現其他希望購買電梯的業主，就可以讓自己有更多籌碼。你可以自信的說：「如果您不接受這個方案，還有其他業主打算採購，所以如果您不想購買也沒關係。」

我也經常告訴自己的部屬，在進行公司對公司的業務時，如果沒有這麼點堅決的態度，那就太沒意思了。

31 定價思考法：讓工作產生最大效益

如果你是領薪族，別人就會考核你，也就是說，你的考績和薪資全都掌握在他人手中。另一方面，如果你是自立門戶的創業老闆，你必須幫自己打分數，這個部分就更加深奧了。

例如，一場演講的演講費，往往有一定的行情。如果演講者非常知名，而且演說內容充滿價值，一場演講報酬有數百萬日圓。雖然我沒有達到那種級別，不過我的演講報酬約有數十萬日圓。此外，我會經常調查和我相同級別的人，究竟能拿到多少演講費，以作為收費參考。

其實，參考類似產品，根據其價格來定價，是非常普遍的做法。

另一種方式則是衡量自己的定位，評估今後如何推銷自己。

總之，如果你希望承接大量演講場次，盡可能宣傳自己，或許可以把價格設定低一點；若想吸引一般民眾到企業活動現場，可以根據自己的言論究竟能招攬到多少顧客，來作為定價的依據。

最重要的關鍵是，不論採用何種定價方式，絕對不能只計算成本，因為這個做法無法創造自我價值。「與已經存在的其他價值相比，我的價值就跟他們一樣！」以這樣的邏輯方式定價，才是最重要的事情。

例如，我在定價田端大學的會費時，並非採用成本計算，而是把活力門前總經理堀江貴文的線上溝通沙龍視為基準，如果堀江的收費是每月一萬八百日圓，那我就設定比他減少一些，差不多每月九千八百日圓就夠了。

另外，我還參考了勝間和代的電子報定價方法。

若以當時的市場行情來說，電子報的月費差不多是八百日圓，最高頂多也只有一千日圓。然而，勝間創刊付費電子報《勝間塾》時，把它設定成月費約五千日圓（費用包含電子報和沙龍會員）。

她當時強調：「因為這是頭腦和知識的健身房。」我覺得這種表現方式很棒。以健身房來說，健身房的月費行情約一萬日圓，所以就算電子報月費約五千日圓，大家應該也能接納。

也就是說，以這種方式定價時，可以思考，如果要比喻成其他事物，會是什麼樣子？

在銀座的高檔酒店點一杯威士忌，需要花五千日圓，但是卻沒有人會說：「這是敲竹槓！」因為那杯威士忌是在銀座的高檔酒店喝的，基於這樣的背景，才會有那樣的價格。

資訊也是相同的道理。假設你在每人低消十萬日圓餐廳上，聽了堀江的言論，然後再把那些內容說給朋友聽：「這是我和堀江一起吃飯時聽到的。」跟「我看了堀江的電子報，裡面曾提到這樣的內容。」對聽者來說，即便是內容相同，感受卻截然不同。

如果你要為資訊制定價格的話，你就必須思考資訊的接收者是誰？那些資訊具備什麼樣的背景？那些資訊所附帶的形象，將會大幅改變資訊的價格與價值。

32 學經濟，不如先學會計

經濟學和會計，你曾經讀過哪種？

對於這個提問，大多數人的答案都是經濟學。但是，如果希望成為有錢人，應該優先吸收會計的知識。

如果用算式來表示收入、支出、損益的關係，為「收入－支出＝損益」。這是會計的損益表；用算式表現資產、負債、股東權益（淨資產）的關係，即為「資產＝負債＋股東權益（淨資產）」。這是是會計基礎中的基礎（見下方圖）。

資產，用來表現公司當前持有的所有金融性財產，以何種型態存在。負債，是指來自銀行等金融機構的貸款，

損益表（P ／ L）：
收入－支出＝損益

資產負債表（Balance Sheet，簡稱 BS）：
資產＝負債＋股東權益（淨資產）

同時有償還的義務。股東權益（淨資產），則是股東投資或事業所得的累積盈餘，不需要償還。

如下方圖所示，資產（BS左側）必須和「負債＋股東權益（淨資產）」（BS右側）相等，如果左右不相等，就代表有問題，所以才會被稱為BS（Balance，平衡）。

就算你現在沒辦法馬上懂也沒關係。可是，至少有一點必須謹記在心，如果你希望變成有錢人，應該用BS思考，而不是P／L。說得更清楚一點，應該思考存量，而不是流量。

BS思維就是錢會自己增加，而不是瞬間增加或減少。

例如，知名的足球或棒球選手的年收入有幾億日圓，在世人眼中，他們是有錢人。可是，在我看來，雖

資產 公司目前持有的所有金融性財產。	**負債** 銀行等金融機構的貸款，有償還義務。 **股東權益（淨資產）** 股東投資或事業所得的累積盈餘，不需要償還。
資產＝負債＋股東權益（淨資產）	

然他們確實是高收入者，但是他們並不是真正的富裕階層，更不是資本家。

因為他們雖然能獲得較高的所得，但是他們賣掉的是自己的時間。如果他們希望賺到十倍的錢，就必須付出十倍努力，因此不得不犧牲自己的時間。不光是運動選手，藝人、知名律師、外科醫師或許都是如此，為了讓自己持續站在幕前，他們必須運用自己的雙手或嘴巴，才能賺到錢。

這樣的精神雖然很偉大，卻稱不上資本家。所謂的資本家，會利用他人的資產、金錢、勞力、時間，借力使力，就算自己沒有投入直接的勞力，仍然能使資產增加。

第六章

不後悔繳房貸、買保險的準則

33 買房前，我先思考萬一賣不掉的風險

其實我花錢方式比大家想像的更加保守。

例如，我曾透過推特表示自己想購買哪種公寓，有網友回覆：「原以為你會購買豪華大廈，沒想到居然不是，真是出乎預料。」反而因此得到許多好感。

最後，我買了某棟公寓的三樓，雖然是低樓層，但可以清楚看到東京灣，以及常被當作影視作品背景的彩虹大橋。若和最高樓層相比，價格相對便宜許多。

所謂的保守並不是單指看房產的規格。

不光精算貸款，在決定買房前，我會嚴格評估各種風險因素。因為我不願意看到，若之後把房子當成中古屋出售時，貸款的餘額卻遠超出房產的銷售價格。

當時，我還在公司上班，所以，我希望避免發生這種情況：若自己不幸發生意外而無法工作，或年收入下降時，房屋貸款餘額卻高於房屋銷售價格，我就不能把

房屋出售，進而陷入無法動彈的窘境。

於是，我試著想像「房子賣不出去」的最糟狀況。

如果房屋賣不出去，我和家人是否能搬出去外面租房子，在那段期間，把原本的房屋租出去，再利用那筆租金支付房貸、管理費和公共基金？如果籌得出來，就能撐到以合理價格賣出房屋為止。

我利用試算表，把貸款利率的變動、空屋閒置風險、租金下滑風險等數據設為參數，然後做了現金流量分析。光是這樣的動作，足足花了我兩、三小時。

然後，我把製作好的試算表傳給寫過房屋仲介相關書籍的朋友，打算先找他討論，結果朋友嚇了一跳，他說：「很多人在買房子或貸款前都會找我商量，不過，我從沒有見過有哪個人計算得如此精細。」

我一直以為這麼做是理所當然的，所以聽到他這麼一說，我感到非常意外。原來大多數人在貸款買幾千萬日圓的房屋之前，都不會做這種計算。

我的做法是，先預測可能發生在自己身上的風險，再針對那些風險進行模擬，然後進一步計算、思考對策，直到確定自己能承受風險，再做出最後決定。不過，大部分的人似乎都不會親自做這些試算，只是傻傻的接受房仲業者提出的頭期款和貸款條件而已。

銷售端當然希望把房子賣出去，所以肯定會說「沒有問題」，但是，如果沒有親自試算、模擬過，我就沒辦法安心。如果沒那麼做，就算搬進新房，也沒辦法打從心底享受生活。

購買高價房產時，更應該確實掌握自己能負荷多少。

決定買什麼或是去哪裡時，其實就代表自己決定捨棄其他選項，未來的可能性就會變得狹小。房屋貸款也一樣。如果貸款償還出現問題，不僅會失去房子，家人也會無處可去，這是最應該避免的嚴重情況。

如果你認為，若要避免這種情況，只要在上司身邊更加努力工作就好。那又是另一回事。即使選擇不做任何決定，也可能會讓自己失去自由。

正因如此，才需要親自計算，冷靜的做出讓自己更自由的選擇。你需要計算的不是因為買了新房子，所以暑假不能去旅行，而是去計算就算付房貸，至少還有餘裕能出去旅行，只要能做出這樣的計算就夠了。

又或者，你發現轉職到新環境，能做某份有趣的職務，雖然剛開始的年收入可能比原本少一至兩成，但未來後勢看漲。之後希望做這份工作的人會增加，門檻因而變高。所以既然要跳槽，就該趁早。假設你還推測出之後的年收入可能上漲，那麼可以更快速的做決定。

34 租房或買房，哪種比較划算？

我認為，錢是為了增加人生選項而存在，單純的存錢、減少開銷，無法為人生帶來幸福。

選擇住的地方也是如此。房屋仲介和金融專家也經常爭辯，「買和租，哪種比較划算？」但在我看來，那樣的爭辯毫無意義。

因為這件事並非單純貼上買房、租房的標籤，比起那些毫無意義的爭辯，當事人希望居住在哪個地區的哪種房屋，能真正實現自己理想的居住環境，才是關鍵。

如果是這樣的話，**同時贊成買房、租房的人，有更高的機率能住進自己想住的房子裡**。

這句話聽起來像是廢話，但出乎意料的是，很多人都選邊站。因為他們從一開始就被灌輸必須決定買房或租房的制式觀念。

當然，背負房貸後，你的人生選項或許會變少，但在另一方面，如果能透過貸款來實現自己理想的居住環境，對人生來說，還是非常有意義的。租房也是一樣，如果無法持續支付房租，就沒辦法繼續住在那裡，所以不論是買房或是租房，同樣都會被收入減少的風險所影響。

「背負房貸，等於是把自己推向社畜之路。不惜貸款購屋的人，根本是蠢蛋！」「不論付出多少房租，房子永遠都不是自己的，租房簡直是浪費錢！」如果先入為主的這麼認定，你就會錯失真正重要的事。

不管是買房也好，租房也罷，不過是一種實現自己理想居住環境的手段罷了。

35 低利率時代，活用良性負債

假設家裡有就讀大學的孩子，就會有學費問題。

如果可以貸款日本學生支援機構（Japan Student Services Organization，簡稱JASSO）的獎學金（按：日本獎學金分成兩種：不必償還的給付型及必須償還的借貸型。JASSO是現今日本最大的獎學金供應者，他們的獎學金型態屬借貸型，與臺灣的助學貸款類似，畢業後必須償還，但若成為軍公教人員則不需要償還），我認為應該要申請貸款。當然，貸款還是有條件的，機構會根據家庭成員的人數，審查雙親的收入。

雖然貸款利息多寡會因時期而有不同，不過基本上都在一%以下（按：臺灣各家銀行利率皆超過一%，下頁表為各家銀行房貸利率比較），可說是幾乎趨近於零利息。如果可以用這麼低的利息借到錢，當然是不借白不借。

■ 2021 年臺灣各家銀行房貸利率比較

銀行	方案	利率
花旗銀行	花旗新自由年貸 ── 抵利型	1.81% 起
中國信託	房屋貸款	1.31% 起
國泰世華	優質客戶購屋貸款	I ＋ 0.58% ～I ＋ 1.03% 起 （機動計息） ※ I 以國泰牌告之定儲利率指數 ── 季、月變動為例，110 年 1 月為 0.79%
匯豐銀行	加值抵利型房貸	一般型房貸：1.31% ～ 1.86% 抵利型房貸：1.47% ～ 2.31% 理財型房貸：1.71% ～ 2.17%
星展銀行	指數型房貸	貸款金額超過新臺幣 2,000 萬（含），年利率 1.31% 起；低於新臺幣 2,000 萬，年利率 1.33% 起
永豐銀行	首購房屋	機動利率 1.53% 起

各家銀行皆提供不同的方案，根據選擇的方案，其申請資格及利率都有差異。此外，各家銀行網站都有提供試算服務，供民眾參考。

雖說獎學金必須償還，但是，與其拿來付學費，不如好好利用獎學金來投資，也可以用來作為孩子未來的還款基金。

跟直接拿獎學金付學費相比，運用貸款來投資還是比較有利。反正沒有人規定獎學金不能用來投資。

房屋貸款也一樣。老實說，我可以直接準備好現金買房子。但是，從房貸減稅的扣除額來看，實質上的利息就是零利率，所以我才會刻意用房子抵押貸款。

既然如此，根本不需要減少手邊的資金。**如果利息趨近於零，我認為應該盡可能的能借多少是多少。當然，只要那筆錢有適當的用途就沒有問題，就算是現金的來源是貸款債務，但只要手邊有能靈活運用的現金，就能夠更靈活的投資。**

只要資金投資賺進的報酬率，和週轉資金需要的利率，產生更大的懸殊差異，就可以讓BS（詳見第一一九頁）大幅成長，光是如此，就足以讓那個人致富。

前文談論會計時曾提到，資產＝負債＋股東權益（淨資產），所以當BS右側的負債增加，就代表資產也會跟著增加。因此，只要資產增加的速度（投資報酬率），大於貸款負債的增加速度（也就是利息），股東權益（淨資產）就會隨著時間的經過逐漸增多。

可是，大部分的人總是毫無根據的把貸款視為一件可怕的事情。事實上，貸款本身並不恐怖，關鍵在於利息多寡、把錢用在何處、如何運用那筆資金，以什麼樣的投資報酬償還？仔細想想，**超低利率的貸款反而是個機會。**

能否運用BS的概念，便是致富的關鍵因素。如果希望靠薪水讓收入增長十倍，你必須付出十倍的勞力工作，但如果運用BS賺錢，就算資金成長的規模達到十倍，你也不需要花上十倍的時間與勞力。只要理解BS的本質，應該就能在這個低利率時代，找到與資金相處的方式。

36 房貸的還款期限，看利息和投資價值而定

有名嘴曾建議：房貸不應該超過十年。

老實說，我完全不懂對方的論點。可是，只要進一步追查抱持那種論點的人的背景，往往不是單身，就是沒有小孩。

假設你有家人，孩子也長大了，於是想換更寬敞、環境好、交通方便的房子，若試著找一間能在十年內還完貸款的房子，結果，不是房屋相當老舊，就是位在郊區，上班上學得花超過兩小時通勤。

除此之外，你也不知道在償還十年房貸期間，會發生什麼事，所以購買十年內還完貸款的房子，是相當危險的舉動。所以我認為該名嘴的論點可說是相當荒謬、無聊。

用比較低俗的比喻，那種感覺就像是禁止準考生在考上大學前談戀愛。的確，

準考生應該把心思放在學習上，而不是談戀愛，這是非常正確的理論。考上大學之後，想怎麼談戀愛都可以。所以，準考生應該專注於眼前的考試。

可是，如果那時候，喜歡的同學向自己告白，又該怎麼辦？「考上大學之後，想怎麼談戀愛都可以！」於是便捨棄那次的機會，這樣真的一輩子都不會後悔嗎？

當然，這種問題沒有絕對的正確答案。有人能兼顧考試和戀愛，也有人錯過戀情、考試落榜，導致整個人生失敗，這種況狀也並非完全不可能。

我想說的是，不管如何，「考生就是不能談戀愛，戀愛要等考上大學之後再說」這樣的論點，不過是無視於人生時間價值的無聊正論罷了。

再回到房貸話題，在那種情況下，盡可能降低風險的長期貸款，也並非完全行不通。甚至，如果是現在這種超低利率且具投資性的房產，搞不好長期貸款反而有利可圖，這部分也是需要納入考量的。

還款期間較長的房貸，是不是真的比較危險？這個部分完全取決於貸款利息是多少、購買的房產對未來有什麼樣的投資價值。甚至，你也可以不以還清房貸為前提。如果那個房產屬於投資性質，你也可以中途把它賣掉，什麼樣的方式都可以。

高中青春時代和喜歡對象約會的回憶，就像是用錢買不到的人生亮點，同理，即便房貸長達三十五年，只要你認為購買的房產，能讓包含孩子在內的所有家人展露笑顏，快樂的生活在一起，那就是最棒的抉擇。

37

如何判斷文章可信度？看出處

當你要做出與金錢相關的重大決定時，通常都會先蒐集資訊。可是，在蒐集資訊時，你必須一併思考，什麼人基於什麼目的提供資訊，那個人說的話是否可信？如果沒有這麼做，你可能會做出非常不利己的選擇。

我發現有一個方法可以用來作為衡量資訊可信度的標準：當評論家在談論金錢相關問題時，如果那個人所使用的主詞不是第一人稱，而是「日本經濟……」或「世界的全球企業……」之類的，那麼，他所說的話只要聽一聽就好了。

例如，購屋時，房貸採用固定利率還是變動利率比較划算？這是不動產業界常見的討論主題，就我而言，哪一種利率比較好，根本無法一概而論，而且討論這種話題一點意義都沒有。因為一切只能以個案來談論。

你考慮借貸的固定利率房貸是哪間銀行？幾年固定利率？利率幾%？如果變動

利率比固定利率更划算，是拿哪幾間銀行比較？

如果談論的內容沒有明確指出比較的對象、專有名詞和數字，而只是單純說「可預防利率上升的固定利率比較划算」這樣的曖昧內容，其實就跟水往低處流這句話一樣，是理所當然的廢話。

看似非常聰明的金融評論家、經濟評論家，似乎都有這樣的傾向。所以我不會去看總體經濟學的討論或是一般的評論文章，因為只會浪費時間。

不論經濟評論家是在討論會上說著日本未來經濟如何，或是《經濟學人》（*Economist*）的報導，都不會有人在事後評論：「那是錯的！」就算預測錯誤，也不會對那個人造成半點損失。

如果真的要參考，**我會選擇真正掏錢投資的投資家所提出的論點，而不是所謂的評論家**。投資家具備獨立調查、思考與行動的素養。他們必須自己承擔風險，一旦判斷錯誤，就必須承受損失。因為他們能對自己的言論負責，所以只要正確吸收，你就能贏得獲利。看到這裡，評論家和投資家，哪一方的言論比較實際，顯而易見。

那麼，我也針對本章節所談論的內容，以當事者的身分公開自己的立場。

我過去一直是個無殼蝸牛（按：無力購買房屋〔包括使用房屋貸款購屋〕而必須租屋生活的人），直到二〇一二年，花了七千五百萬日圓，購買東京豐洲的公寓大廈低樓層。當時是在東京舉辦奧運的前夕下了決定。

因為事前透過可靠的消息來源得知，二〇二〇年的奧運會在東京舉辦，所以我便趁這個機會買了房子。而且，當時買房的價格，沒有把未來東京會舉辦奧運的要素納入其中，正因為價格沒受此影響，所以，就算奧運在東京以外的地區舉辦，我也不會有半點損失（順道一提，除了上市股票，我對房地產或外匯的內線交易完全沒有概念）。

我購買的是八十二平方公尺，三LDK（按：日本以LDK來表示格局，依序代表客廳、飯廳、廚房，而英文前的數字代表房間數）寬幅度的公寓。那時，我以FLAT三五貸款（按：一種日本的房地產抵押。固定利息貸款，期限為三十五年），借出九成的房產價格，也就是六千七百五十萬日圓。在二〇二〇年八月，那間房在不動產網站公告的市值，則是八千五百萬日圓。

我在這八年期間所繳的房貸、管理費和和公共基金，共計約兩千三百萬日圓。如果用現在的中古屋市值價格（八千五百萬日圓），扣除房貸剩餘債務（五千七百萬日圓），再扣除仲介業者的手續費，大約還剩下兩千五百萬日圓左右，如下方算式所示，我多賺了兩百萬日圓（房屋稅和房貸減稅幾乎是相互抵消，恐怕還會有些微增額）。

就結果而言，我真的覺得自己買到一間很棒的房子，不過，我並不是想要向誰吹噓這件事。我想說的是，正因為我經歷過親自花錢選購房屋的過程，才能真正學到實用的判斷標準。

中古屋市價 8,500 萬日圓－房貸剩餘債務 5,700 萬日圓－仲介業者手續費 ≒ 2,500 萬日圓
2,500 萬日圓－已繳出房貸等費用 2,300 萬日圓＝200 萬日圓

38 買保險前，先評估自己應承擔哪些風險

在日本，進行房屋貸款時，通常還會參加團體信用生命保險（簡稱團信）。所謂的團信就是，如果債務人在償還房貸的期間，突然遭逢意外身亡，就可以依保險額度免除之後的還款。所以，貸款金額也會加上相對應的保險費。

（按：團信相當於臺灣的房貸壽險，當貸款人在貸款期間因疾病或意外導致失能或身故，保險公司會協助貸款人或家屬申請理賠，專款專用償還銀行房貸，如有剩餘保險金，會支付給房貸壽險指定受益人。）

申辦房屋貸款的人多半會投保團信，不過，我申辦FLAT三五貸款時，並沒有這麼做。看到這裡，大家或許非常驚訝，但事實上，採用FLAT三五貸款時，並沒有強制要求投保團信，所以就算沒有投保也沒關係。

這麼說或許有點奇怪，但我沒投保的原因，是我不知道自己死後，家人是否仍

然會繼續住在那個房子裡。

首先，妻子的娘家在東京還有其他的房子，就算沒有搬回娘家，與其扛下剩餘的房貸債務，不如把房子賣掉，重新再買一間房子，因為房屋的出售價格會高於剩餘債務，如果那個時候，孩子已經搬出原本的房子，妻子可以為自己重新買一間比較小的房子。

而且，我本來就有投保人壽保險，所以不需要讓自己每個月多出一、兩萬日圓的額外開銷。如果要增加開銷，不如把錢拿去投資指數基金（Index Fund），讓自己留下更多資產，反而更能幫助家人。

因為我早已經算出，就算不參加團信，也不會降低家庭的基本生活風險，所以我打從一開始就決定不加保了。

當然，我並不是說加入團信是壞主意。只是，大多數人認為參加團信很理所當然，也認為結婚後就該參加人壽保險，可是事實上並非所有事情都是理所當然。我認為重點應是**從根本思考，了解自己應該承擔的風險和絕對要避免的風險是什麼。**

即便某件事情是世人預設、認定應該做的，也不該直接概括承受。而是判斷那件事對於自己人生而言，是否必要。如果你認為那件事具有意義，你可以在了解之後，做出選擇。

處理金錢問題時，必須積極採取自己做決定的態度。

39 指數基金的投資，遠勝於保險

我只有投保月繳六千日圓的網路人壽保險。

以前的保費相當便宜，不過，經過十年重新更新保單後，我才發現保險費漲價了。過了四十五歲，我可以明確的感受到，死亡風險也逐漸增加。

保險費的金額會隨著年齡逐漸上漲，所以我也曾經考慮停止投保，不過，畢竟人壽保險有人壽保險費的扣除額，所以我還是決定持續投保。如果問我，保險應該注意什麼？我認為保額的選擇才是關鍵。

因為我怎麼想都想不明白，所以我就用保險費計算，只要可以剛好抵消人壽保險費的扣除額，那就沒有問題。簡單來說，那樣的金額足以符合國家認同的節稅。如果再投保更多金額，反而是浪費。

聊個題外話，其實我無法接受健康相關的稅金徵收，因為健康檢查的診療費不能列入醫療費扣除額的對象。雖然只要參加企業健保等保險，就可以得到補助，但基本上仍然是自己負擔。

自己意識到健康的重要性，為了做好健康管理、疾病預防，而主動接受健康檢查，結果那筆費用卻被漠視。而另一方面，即便是因為患者不愛護身體，才會引發疾病，其醫療費卻由公共保險來承擔。我無法接受這樣的做法。

此外，因人壽保險擁有稅金扣除額的特權，所以有人鼓吹日本人積極投保，也令我覺得不可思議。

再回到原本的話題。**如果投保只是為了保障的話，其實根本不需要買保險**，只要每個月投入三萬日圓購買指數基金，那筆投資在累積四十年之後，就有極大的機率變成一億日圓。既然如此，就算二十歲賺不到一億日圓也沒關係，只要每個月存下一萬日圓不就行了嗎？

基本上，為什麼年紀輕輕就必須為年老後的生活操心，甚至不惜花錢？有人說，這麼做是為了讓人生更加美好，我反倒認為日本人留下太多遺產了。畢竟，錢生不帶來，死不帶去。

三十歲的一萬日圓和七十歲的一萬日圓，兩者之間的價值是否相同？或許三十歲的一萬日圓，到了七十歲的時候，會有五萬日圓的價值，不是嗎？

或許這只是我自以為是的想法，但是，在死之前，你會怎麼想？「早知道就多存一點錢，年老生活才會變得更加富饒！」「我有錢，但是卻沒體力、沒氣力。早知道趁年輕，就算借錢，也要完成自己想做的事。」恐怕多數人老了之後，想法以後者居多。

錢再賺就有，但年輕時的體力、心境、時間，卻是一去不復返。

試著想想兩者的差異。**與其因為害怕死亡、年老，而把錢投注在保險上頭，不如專注於當下想要的生活，擬定自己的理財策略**。

40

買房前，我先想像出售時誰會買我的房子

我原本住在一間把三LDK打通成二LDK、位在豐洲的房子，當三個孩子逐漸長大，開始需要自己的空間時，房間就不敷使用了。

於是我在二〇二〇年八月搬到了在二〇一二年買的公寓。

我購屋時，會具體想像，「當我出售這間公寓時，有誰會買呢？」

其實我非常熟悉豐洲這片土地。二〇〇五年結婚之後，我以承租方式，一直住在東雲町，以及豐洲周邊的公寓，每個週末都會去購物中心豐洲LaLaport。

在我買下豐洲公寓前，日本遭逢東日本大地震的災害，當時，經濟評論家都說「公寓大廈的房價會暴跌」。因為灣岸地區會陸續建造公寓大廈，在建商相繼推出全新建案之後，中古屋的房價自然一路下跌。

不過，我覺得這種想法十分愚蠢。從言論中可知，這種想法完全不了解實際房

產狀況和這片土地背景。

我買的公寓叫做 Park City 豐洲，當時買下這間房子時，其屋齡約十二至十三年，現在則更加老舊。不過，Park City 豐洲與豐洲 LaLaport 相鄰，堪稱是地區第一的旗艦型房產，擁有的魅力不輸給任何地方。

Park City 豐洲不僅可以清楚看到東京灣和彩虹橋，附近還有一條運河，甚至，不會有建造新大樓遮擋住視野的風險。而且，近年建造的公寓大廈，因為建材價格高漲的關係，建造費和地價也都跟著水漲船高，因此，大多採用門面窄小的田字型格局，藉此壓低每戶的平均售價。而我買的房子在 Park City 豐洲的Ｂ棟西側，所有房間都是面向大海的有窗寬敞格局。這種房產的基本規格，不論今後花多少錢都改變不了。

也就是說，不論經過多少年，這種條件的房產，仍然會有極高的需求。

我試著想像：假設有人從外地搬到豐洲，買全新的公寓大廈。這類人多半是一對夫妻或是小孩的年紀還很小的家庭。而他們每星期都會去豐洲 LaLaport 購物。

經過三年至五年後，夫妻有了孩子，或孩子長大了。原本住在二ＬＤＫ或一

LDK的人們，自然希望搬進更寬敞的屋子。這時，與豐洲LaLaport相鄰，約八十二平方公尺的三LDK，也就是我現在的房子，就成了他們眼中的絕佳房產。

因為會在豐洲購買房的人，幾乎都是因為喜歡豐洲的地利、生活之便，以及當地的生活環境。而且，因為小孩數量多，所以孩子們也能認識更多朋友。

也就是說，隨著豐洲公寓大廈的新建案增加，有更多外地人來到豐洲，在未來的十年後，我的潛在客戶也會相對增加，到那個時候，會有更多人願意購買我現在居住的八十二平方公尺的公寓。

「房產供給增加，導致中古房產跌價」這種見解只是片面看法，如果不實際透過各種角度深究人們的未來需求，就無法真正看透房產。

事實上，在不動產的鑑價網站上，我的房子價值已經比購入時上漲了一千萬日圓。由於Park City豐洲B棟面海的房屋很少出售，所以一旦公告出售，肯定能馬上成交。

像這樣，買房前，先**想像當自己出售房屋時，是什麼人基於什麼樣的原因，而決定購買這個物件。只要能想像出來，那就買下來吧。**

41 租屋買房，先了解屋主為什麼這樣開價

自己向他人租屋，或出租房子給某人，應該如何制定租金？這種概念可說是基本中的基本。

我找租屋時，一定會向仲介業者打聽房東的資訊。以大方向分類，房東分成個人和法人。法人有不動產投資信託、住友不動產或三井不動產等開發商，或是更小的中小型不動產管理公司。確實掌握並了解與自己交易的對象是誰、對方為什麼會以這個價格出租或出售房產，是十分重要的事。

我以自己的經驗為例：我在二〇一二年花了七千五百萬日圓買房，考量各方面因素後，我覺得這個價格很便宜，同時也想：「太奇怪了，肯定有某種理由。」

之後進一步確認才知道，原來賣方是個人賣家。他會用這個價格出售，是因為他被公司調派到國外，而且赴任就職的日期迫在眉睫，所以他才會急於簽約成交。

這對買方來說，當然是個絕佳的好機會。

如果我是賣方，就算另尋房產，也會先搬到新房子，不急著販售原本住處。我目前每個月支付二十四萬日圓房貸和管理費等費用。而持有的房產市值約八千五百萬日圓至九千萬日圓。

如果能以高出三%的價格出售，就賺進兩百萬至三百萬日圓。就算出售的時間需要三個月至半年，只要售價能多出三%，還是會有較大的利益。

所以，如果沒有急於出售的理由，賣方可以堅持原則，等著行情看漲。如果剛好有人願意購買，當然就可以選擇和對方交易。基本上，這一類的合約千萬不能操之過急。

如果明知道對方急於出售，你卻不知道對方急著賣房的理由，就太糟糕了。說難聽點，就算那間房子不是凶宅，也可能採用不好的建材，這樣反而會讓自己更加不安。便宜的東西必定有便宜的理由。為了自己的利益，應該仔細了解，對方為何會以那樣的價格出售。

42 節稅能省錢，但不會讓你致富

有錢人會鼓勵節稅，把更多的錢留在自己手中。所以也有許多領薪族認為節稅，百利無一害。

那麼，節稅是致富的捷徑嗎？我並不那麼認為。

曾有一段時間，富人階層十分盛行「公寓節稅」。公寓是依照土地和建築物來計算繼承稅額。由於土地是所有權人持分整個占地面積（按：同一土地的共同擁有者分配土地比例），而公寓大廈的土地占比相當小。另外，地價是以路線價作為標準，所以不分高低樓層，其估價的結果都相同。但在市場而言，高樓層的售價比較高，同時也具有資產價值，所以越是高樓層的高價房產，越容易靠繼承來達到節稅目的。

在過去，或許這種方法可說是只有富人階層才知道的終極節稅方法。然而，某個不動產顧問公司卻將這種做法商業化，甚至還申請商標登錄，在這種狀態下，稅務當局自然無法坐視不管。隱瞞資產或收入，是相當明顯的逃稅，不過，其中也有部分非故意的案例，卻遭判定成刻意逃稅。

我稍微研究了一下稅金和節稅。研究後才發現，**真正具有實質意義的節稅對策，並沒有想像的多**。日本過去也曾盛行利用海外房地產折舊來節稅，不過，之後的稅法修正卻堵住了漏洞，那些為了節稅而買下夏威夷不動產的人，在現今面臨新冠疫情的雙重打擊，應該過得很難熬。

「要不要考慮買一間套房，順便幫自己節稅呢？」我經常接到這樣的奇怪電話，姑且不論需要投資多少錢買套房，如果進一步加總計算，這樣的節稅方式還是相當可疑。天底下不可能會有這種不勞而獲的事情。事實上，賣出那種商品，從中獲取佣金的人，才是最大獲利者。

領薪族不需要過於精細的節稅對策。如果你有能力繳納iDeCo（個人退休預備金）或故鄉稅（按：日本政府鼓勵民眾可以繳稅給故鄉，但人們對故鄉的定義不同，所以可以自由選擇繳稅地區。其特色是扣除個人負擔的基本支出後，剩下的金額能全額抵扣所得稅等，此外，會依個人年收入和家庭成員不同，而有不一樣的繳費上限），就應該安分繳稅。

第七章

從現在開始，
用投資翻轉人生

43 不使用現金，讓信用卡幫你紀律理財

你是現金派？還是非現金派？

包含信用卡在內，我在日常生活中，基本上幾乎沒有使用現金。為什麼？因為不用現金付款，才能看到錢的流向。

市面上有許多與信用卡連動、可以馬上手機確認消費情況的記帳 App。我使用的 App 叫搖錢樹，可以一次確認多個銀行帳戶，非常方便。

我經常聽到這樣的主張：「信用卡會讓人過度消費，所以還是現金比較好。」但我覺得這樣的主張很莫名其妙。正確來說，無現金的消費方式必定會留存紀錄，使用現金消費，才會讓人不知道錢用在哪裡。

「我記得錢包裡還有三萬日圓，怎麼一回過神，只剩下五千日圓？我到底買了什麼？」相信大家都有這種經驗。

不過，使用信用卡的話，就不會出現這種狀況。若同時利用搖錢樹等記帳App，還能自動分類信用卡消費的項目。

順帶一提，就算使用信用卡，也不需要刻意申辦須繳年費的高額度信用卡。我過去也曾經配合市場調查性質的推銷，申辦過許多白金卡（信用卡），但使用上來看，跟一般信用卡沒有太大差異。

此外，即使信用卡有提供禮賓服務，也沒有太大的意義。例如，當我要找出差地點的住宿飯店時，其實只要使用手機，不用三分鐘就能找到。如果透過禮賓服務幫找飯店，從透過電話做出指示開始，恐怕要等上三十分鐘，才能接到服務人員回播：「找到飯店了。」

持有白金卡或許是種身分、地位的象徵，但老實說，那種收取高額會費的信用卡的禮賓服務，恐怕不太適合很少使用網路或英語的人。

過分堅持使用現金的人，在現在的付款環境中，反而蒙受額外的損失。

例如，如果信用卡的手續費平均三％，那筆手續費會以點數等各種形式，以消費金額的一％至一．五％，回饋給採用付現以外方式的顧客。同樣購買一萬日圓商品，用信用卡結帳的人，實際上等於只有支付九千八百五十日圓，而用現金消費的人，則是絲毫不差的一萬日圓。

如果要同時保障商家的收益，那筆一百五十日圓的差額又該從哪裡來？

其實，因為店家在定價時，已加上支付給信用卡公司的手續費。所以付現一萬日圓時，那筆差額就變成回饋給信用卡消費者的紅利點數。

44

帳單繳全額，絕不能使用循環信用

我非常推薦信用卡的便利性，但是，我並不推薦循環信用（按：指信用卡帳單沒有全額繳清，剩下的未繳金額，銀行會依照循環利率向持卡人在隔月開始收取利息。循環利率會因人而異，大多數會落在五％至一五％）和現金卡。

我提過很多次，借錢本身並不是壞事，借錢的好壞取決於利率標準的高低，以及那筆錢的用途。

若從這一點來看，循環信用的利率太高，而且大多會用在不好的地方。在這種低利率的時代，循環信用的利率手續費幾乎都是一五％。

事實上，信用卡公司的最大收益就來自於循環信用。

所謂循環信用，就是周轉信貸。就如字面的意思，不論用信用卡消費多少金額，每個月的最低應繳金額仍然不會改變，如果每次收到帳單只繳最低應繳金額，就會像身陷在旋轉門裡面，怎麼樣都走不出來，必須不斷的繳款。

因為每個月的最低應繳金額固定，所以看起來好像有還款輕鬆、更容易規畫開支等優點，但事實上，就算每個月固定繳款，繳納的金額卻幾乎都用來沖抵利息，所以實際要繳的本金仍居高不下。

而且，因為利息就隱藏在每個月固定的最低應繳金額裡，所以根本不知道自己到底持續繳交了多少利息。也就是說，**對信用卡公司來說，願意使用循環信用的顧客，就像是每個月付費使用訂閱服務的肥羊。**

基於現金流失的風險，原則上，我也幾乎都是使用信用卡付款，不過，我絕對不會使用循環信用。

這是攸關理財的素養之一，請務必特別留意。

45

縮短通勤時間，也是一種加薪

大學時期，我第一次獨自住外面，當時住在神奈川縣的武藏小杉地區。出社會後第一年，我把獎學金當成搬家基金，搬到東京目黑區，且住處離澀谷車站很近。選擇搬到那裡的主要原因是原本的通勤時間太長。當時，我在NTT DATA任職，工作地點位在濱松町與田町（皆在東京都港區）之間。從武藏小杉搭車到那裡，單程需要花上一小時左右。

之後，我跳槽到瑞可利，從澀谷車站搭車到公司，只需要十五分鐘。而且，因搭乘的是首發電車，所以有許多空位，乘坐感受也十分舒適。

為什麼希望縮短通勤時間？

如果以年收入六百萬日圓、全年上班時間兩千小時的領薪族來說，時薪約是三千日圓。如果通勤的單程時間是一小時，往返就需要兩小時，等於每天損耗六千日圓時間成本；如果一個月工作二十天，相當於損失十二萬日圓；全年的虧損額將多達一百四十四萬日圓。這可是筆相當可觀的金額。既然如此，只要縮短通勤時間，就能減少虧損。

從應屆畢業那年開始，我一直覺得通勤非常浪費時間，尤其東橫線（按：一條連結東京與橫濱兩個都市的通勤路線）錯綜複雜，通勤時讓人痛苦，甚至電車裡擠滿乘客的乘車壓力，比工作壓力來得更大。就算如此，大家還是努力忍受那樣的時光，真是不可思議。

新冠疫情造就出居家上班、遠端工作的現象，我才開始意識到通勤本身所造成的負面影響，我認為這是個很嚴重的問題。就現實問題而言，只要是領薪族，通勤時間不可能變成零，因此，人們應正視通勤所造成的無形損失。

即使在家工作，也可能碰到環境是否完善的問題，同時也必須讓自己轉換工作心情。仔細想想，**避開電車擠沙丁魚的壓力，從自家走路或是騎腳踏車，只需要十分鐘至十五分鐘的通勤方式，才是最輕鬆且能提高滿足感的形式**。現在，我的住家和辦公室的關係就差不多是那樣的狀態。

46 搭火車或高鐵？從你的時薪來思考

我認為，了解自己的時間究竟價值多少，是非常重要的事。

假設，你提前抵達工作的約定地點，並利用那段空閒，到附近的咖啡廳喝咖啡。你會想：「喝一杯咖啡就要花四百日圓，好浪費！」還是：「既然還有十分鐘，可以趁現在好好回覆電子郵件。」

上述問題的本質，在於你如何看待時間價值。

當然，每個人的價值觀各不相同，但是，**如果你不希望由別人或公司來決定你自己的時間價值，你必須採取行動，才能提高自己每一分鐘的價值。**

以年收入六百萬日圓的領薪族為例，經換算，時薪約三千日圓。那麼，十分鐘的價值就是五百日圓。不過，該數字終究是公司制定且當事人也同意的時間價值。

如果該領薪族的目標是成為年收入一千八百萬日圓的精英，他就必須在十分鐘內取得一千五百日圓以上的成果。如果他能在這十分鐘空檔產生一千日圓價值，那麼，就應該毫不猶豫的做出選擇。

以我的情況來說，如果我能自由運用十分鐘，只要那杯咖啡不超過一千日圓，我願意馬上付費；若是自由運用一小時，大概是六千日圓左右。當然，那個決定是依照當下的狀況、工作的緊急性，以及所帶來的好處而改變，不過，基本上我都是這樣思考事情。

例如，從東京搭新幹線前往大阪時，我一定會選擇綠色車廂（按：即日本鐵道的一等車廂，比普通車廂更舒適、設備更豪華）。

綠色車廂和普通車廂的票價大約差五千日圓。因為車程是兩個半小時，所以換算下來，一小時相差約兩千日圓。對時薪約三千日圓的領薪族來說，這個價格很便宜。我會基於相同的理由，毫不猶豫的訂綠色車廂車票，或是私鐵（民營鐵路）的特急券。

至於搭飛機到國外出差時，要選商務艙還是經濟艙時，我不會固執的認定「一定要選這種」。

舉例來說，如果是短程，即便是經濟艙，仍可以十分有意義的使用時間；若是跨日的長時間飛行，商務艙能提高個人的生產力，和經濟艙之間的差額相比，提高生產力反而更占優勢。順道一提，從工作便利性來看，頭等艙和商務艙之間並沒有太大差異，對多數人來說，價格卻是高出許多。

生活中，總有許多這種多出額外時間的情況。在抉擇要投資多少錢給個人時間時，應該視當下的情況而持續不斷的改變做法。

舉個極端點的例子：週末和孩子一起去遊樂園時，若花一千日圓買快速通關票券，就可以不用排隊玩遊樂設施。不過，你未必非買不可，畢竟排隊等待的時間，也是一種回憶；就算能快速搭乘，頂多讓你能玩比較多種遊樂設施罷了。在這種休閒、興趣或休息的時間裡，為了搶快而掏腰包的做法，未必就是正確答案。

不過，如果是其他情況，當你以「自己的十分鐘或一小時值得投資多少？」這樣的想法作為判斷並行動，肯定能讓自己提高生產力，對自己更有助益。

對於能夠花錢買時間的服務，用時間去均分那個價格時，那個商品價值多少錢呢？這個時候，你可以靠自己來判斷、評估這種服務算昂貴或值得購買。

47 你買的不是家電，是時間

洗碗機、洗脫烘滾筒式洗衣機、掃地機器人之類的家電，如果經濟狀況允許，我認為還是買高階的家電比較好。

我會這麼說，是因為你買的是「時間」。雖然一開始你會花一筆錢，不過，比起那些錢，你所省下來的時間更是寶貴。

只要利用好的家電，縮短做家事的時間，就能擁有更多的時間。接下來，你可以利用那些多出來的時間，創造金錢。當你擁有更多錢後，再去購買其他的時間，進一步利用那些時間賺錢。如此，就能形成良好的循環。

在這種細節是否小氣，便是開闢致富之路的關鍵差異。因此，我把購買能縮短做家事時間的家電的費用，當成設備投資。

話雖如此，其實也不必非買最高級的家電不可。而是以時間作為判斷標準。

「如果我的時間可以多出三十分鐘的話，我願意為此付出多少錢？」我會以這種想法來估算要購買什麼家電。

以洗脫烘滾筒式洗衣機為例，只要把髒衣服丟進洗衣機裡面，洗衣機就會把衣服洗乾淨、烘乾，如此就能省時間晒衣服。另外，也不需要擔心碰到下雨天，衣服晾不乾。

假設，洗脫烘滾筒式洗衣機售價三十萬日圓，一臺洗衣機至少可以使用五年，換算下來，平均一年是六萬日圓，一個月五千日圓，一天只需要一百六十日圓。如果一百六十日圓可以買到一天十分鐘，累計一小時，差不多是一千日圓。也就是說，如果工作時薪超過一千日圓，就算購買洗脫烘滾筒式洗衣機也不會有太大問題。因為自己每天能因此多出十分鐘以上的空檔，算起來仍然非常經濟實惠。

順道一提，購買家電時，如果因為購買的物品比較昂貴，而花一整天逛家電量販店或購物網站，可說是本末倒置。也許各位可以參考我的做法：參考亞馬遜的買家評價，只要覺得這個評價很高，就會二話不說的下單購買。

48 「每坪單價多少？」不動產就是把空間變成錢

我讀大學時，曾歷經一段咖啡廳風潮。

在時尚的咖啡廳裡，有很多事情都可以做，我也很喜歡去那裡，在當時，我也曾有過這樣的想法：

「如果在吉祥寺開一間咖啡廳，需要支付多少租金？能賺到多少利潤？如果我是老闆的話，我會怎麼做？」我會以這樣觀點去檢視眼前的咖啡廳。

這種觀點不僅限於咖啡廳，我甚至會用「每坪單價多少」去觀察所有的商店或不動產。

例如，出現新房產的時候，我會偷偷跑去看自己感興趣的物件。那個時候，如果該房產的地理位置良好，同時也很適合拿來當成辦公室的話，我會用辦公室的市場行情價格去估算，而不是單純以住家的角度去評估租金。

像這樣：這一帶的辦公室，每坪單價兩萬日圓，雖然這間房子是二十五坪二LDK，不過，租金應該不會低於五十萬日圓……。

不動產是把空間變成錢的商業行為，如果從每坪單價的空間效率指標來看，無論是辦公室、住家或是倉庫，基本上都相同。例如，位於市中心站前黃金地段的住宅，租金高達一百萬日圓。一般人肯定覺得價格很高。先看數字，一百萬日圓、兩百萬日圓確實不算便宜。

可是，如果從地理位置來看，這個地方適合辦公，也可以考慮入住，是個不錯的房產。實際上，許多位於澀谷、表參道、六本木等地區的居住用住宅，也都被當成事務所使用。這樣一來，即便租金是一百萬日圓，如果就每坪單價來看，每坪三萬日圓的辦公室相當便宜。至少不算是貴得離譜。因為如果是超級黃金地段的辦公室，現在的每坪單價最高都要超過五萬日圓以上。

不管是自己承租、購買，又或是投資，只要透過這樣的觀念去思考，你對房產的視野就會變得更加遼闊。

49 收益還原法，有錢人最厲害的思考

新冠疫情讓市場陷入恐慌。

其實我有投資不動產信託，手上持有的是Japan Hotel REIT的股票，老實說，疫情讓我損失了一千萬日圓。這是我投資人生中的最大損失。

我大約四年前開始投資，這段期間確實有拿到的相對應的股息和資本收益。因為收支打平，生活上沒有因此碰上困難。

後來我聽說，不動產投資信託會在二〇二〇年三月新冠疫情的影響下全面暴跌，全是因為部分金融機構的恐慌拋售所導致，我這才恍然大悟。

從根本價值考量來看，新冠疫情造成入境需求下降，造成飯店不動產等投資信託跟著下跌，這很正常。可是，住宅不動產、物流倉儲等投資信託卻連帶受影響，這一點很詭異了。

就算有新冠疫情，日本人的租屋、購屋需求仍然不會消失，也不可能不再使用物流倉庫。嚴格來說，網路購物的興盛，反而會讓倉庫需求增加。

事實上，經過一段時間後，住宅類、物流類等投資信託的價格，幾乎都恢復到原本的正常水準。雖說這是理所當然的事情，但是，一旦陷入恐慌，很多人就會忘了這些理所當然的事情。

重要的是，不論面對任何事物，都該先了解該事物的基本結構。

投資信託中，住宅類的租金價格幾乎不會受景氣影響。因此，這時就要思考，**業者如何在出租物件的房產價格和租金之間計算出利潤？**

簡單來說，就是根據物件的利率計算出租金。這種方法稱為「收益還原法」。聽起來似乎非常難懂，但其實只要有小學的數學程度，就能輕易計算出來。

假設我住在租金二十萬日圓的房屋裡。一年的租金等於兩百四十萬日圓。

從房產業主的角度來看，假設他當時購買市值八千萬日圓的公寓，等於業主以利率三％出租這間房產。簡單來說，就是用利率回收八千萬日圓。

因為沒有加上必須繳納維護管理房產用的費用，所以這是個十分單純的計算方式，而不動產業者會思考，自己希望回收的利率是多少%，從那個考量下去設定租金。例如，即便是同樣八千萬日圓的房產，如果業主希望回收的利率是五%，一年的租金就是四百萬日圓，每個月的租金大約是三十三萬日圓（算式見下表）。

這種計算方式不光是不動產的常識，更是所有金融業的基礎。

如果說年收入五百萬日圓的領薪族，其價值等同於年產五百萬日圓的金融商品，然後，試著把收益還原法套用在那個領薪族身上。假設，商品的利率設定為二%時，粗略估算，那個領薪族的本值大約是兩億五千萬日圓。

只要試著用收益還原法來評估自己，就可以做出更精確的判斷，該把手邊的三百萬存款當成投資基金好好利用？還是用來學習英語，讓年收入提高至一億日圓，讓自

公寓市值 8,000 萬日圓		
利率	3%	5%
月租金	8,000 萬日圓 ×3%＝ 240 萬日圓 240 萬日圓 ÷12 ＝ 20 萬日圓	8,000 萬日圓 ×5%＝ 400 萬日圓 400 萬日圓 ÷12 ＝ 33 萬日圓

己的價值進一步提高到三億日圓？相信只要透過這種方式思考，就會知道自己該怎麼行動。

其實光是採取這樣的思考和行動，就能在商業人士之間，培養出優秀的賺錢意識了。

如果你希望變成有錢人，至少應該知道收益還原法的概念。

第八章

轉職，也是一種致富手段

50 做好隨時能離職的準備

曾經有人問我：「田端從二十歲開始，就不再為錢煩惱了嗎？」

嚴格來說，「雖然不再為錢煩惱，但出社會後的剛開始幾年，日子過得不算輕鬆」，才是我真正的心聲。因為我大學留級，所以必須多支付學費三百萬日圓和生活開銷。所以我請父母代墊，等到出社會後再還錢給他們。

此外，因為嘗試自己想做的事情，且不喜歡擠沙丁魚般的通勤電車，所以我選擇住在距離澀谷車站不遠的青葉台（按：為東京目黑區內的高級住宅區）；為了去海邊衝浪，我買了七萬日圓的中古車速霸陸 Legacy，租了月繳五萬五千日圓的停車位……因為做了許多莫名其妙的事情，結果入不敷出。

之後兩年，我離開 NTT DATA，跳槽到瑞可利，雖然才剛畢業三年，不過，我的年收入已達到六百萬日圓，從那時起，我的生活費不再那麼吃緊了。

我二十多歲時，理財方法十分拙劣，正因我沒辦法忍住不做想做的事情，所以才認真思考怎麼提高自己的收入。

為了擁有自己想要的生活，我必須增加收入，既然如此，與其坐等公司幫我加薪，倒不如跳槽還比較實際一點。

可是，我並不知道什麼時候會有提高收入的轉職機會。也或許我永遠只能留在原本的地方繼續努力。因此，我不能對當前的職場工作敷衍了事，至少應該讓自己處於「公司想慰留我」的狀態。像是讓上司或前輩產生這種想法：「如果那傢伙離職，可就傷腦筋了」是最理想的。只要留下這樣的評價和成就，轉職的選項就會變得更多。

因為我總會時刻注意，讓自己能以相同或更好的薪資條件，跳槽到其他的同業公司，所以才沒讓自己陷入辭職後，遲遲無法確定工作，導致繳不出下個月房租的窘境。

51 無論你的任務多成功，也只是一時

應屆畢業之後，我在 NTT DATA 工作不到兩年，就跳槽到瑞可利了，那是我人生中的第一次跳槽。

跳槽的最大理由是，我在當時刊載大量企業徵才資訊的《日經新聞》的週日版，看到「次世代事業開發室」這個有趣的徵才廣告。

其實，考慮轉職時，我一直在注意顧問公司的徵才資訊，因為那裡的員工即便只有二十多歲，也可以領到高薪，而且在專業培訓也很吸引我。

事實上，我在二〇〇一年，曾被住友銀行和大和證券旗下專做批發的大和證券 SB Capital Markets 挖角。不過，因為我知道自己愛出風頭，想站在幕前工作，所以像投資銀行這種為了客戶，而讓自己徹底化身成藏鏡人的工作，並不適合我。於是我婉拒了挖角，最後選擇跳槽到瑞可利。

瑞可利是提供就業資訊服務的公司，其文化是幫助那些做自己想做事情的人，闖出成績。然後，員工可以再用該成果作為跳板，讓更多的其他人去做有趣的事情，我認為這樣的工作非常適合我自己。

我覺得最棒的是，瑞可利存在讓員工挑戰新事物的機制。例如，新事業提案競賽「RING」、跟其他公司（包含外國企業）交換留學的制度。總之，員工可以隨時運用職場環境，創造出專屬於自己的職場生涯，那樣的氛圍真的很棒。

「自己創造機會，再靠機會改變自己！」瑞可利的創辦人江副社長的這番話，十分符合這間公司的特色。

另外，貼在公司內的海報也表現出積極態度，海報上有一張小女孩騎著三輪車的照片，然後，旁邊寫著大大的標題：「在瑞可利，無論你變得多麼偉大，最終仍只是徒勞」。

如果在一般公司，員工看到這個標題肯定會非常憤怒。

可是，瑞可利的每個人卻是十分認同。因為在公司裡的成功不算是成功，唯有員工自己創造出全新的價值，才更具有意義，而瑞可利便是把那些人聚集起來，持續給予激勵的公司。

順道一提，我放棄轉職到投資銀行的另一個理由，是證券從業人員的資格考試。我必須收下厚厚的講義，努力用功讀書，可是，我卻完全提不起勁。

其實，我妹妹曾是銀行職員，某次過年回家，我發現她必須應付銀行業務的檢定考試，感覺就像在準備大學聯考似的。雖然我並不認為法律或稅務等知識完全沒有意義，但銀行業務要具備的知識，對我來說沒有那麼實用。

雖說銀行和證券不同，但只要想到一旦踏入金融業，必須繼續像這樣學習——像學生般用功讀書，再透過考試獲得考績、通過檢定，我就退縮了。

對於喜歡透過這種方式展現成果的人而言，當然沒什麼問題。

可是，**如果不是出於自願學習，我認為還是考慮跳槽到適合自己的職場**。千萬不要只為了眼前的薪資待遇，或是世俗的眼光而跳槽。

52 不做無法發揮想像力的工作

在我離職一段時間後，NTT DATA曾邀請我去公司內部（類似企業大學般的單位）擔任講師。

我在那裡演說的內容，是「如果沒辦法在公開市場與人一較長短，那就像我一樣，創造自己的品牌。我現在賺的錢比NTT DATA董事的平均年收入（約三千五百萬日圓）更高，我很慶幸我離職了！」出乎意料之外的是，大家似乎都能接受這些內容。

演說結束後，我問負責研修規畫的人員：「邀請來的人居然說出這樣的話，會不會害你挨罵？」其實還挺令人意外的，以NTT DATA為首的NTT集團有著自由、開放，同時又略帶點叛逆的風氣。

NTT DATA並非壞公司。可是，我希望投入網路商務的心情，卻越來越強烈。

在外人眼中或許很難理解，但事實上，NTT DATA 是資訊系統整合公司，其服務和 IT、網路商務截然不同。比喻來說，就像足球與橄欖球的差異。

基本上，系統整合屬於委託業務：受理客戶的委託，人員必須按照客戶的需求來完成工作。換句話說，這是一項不需要承受風險的工作。就實質意義而言，這樣的工作內容會讓人懷疑，眼前的成果是否真的是自己從無到有所創建出來的？

當時，大家都開始使用網路，像樂天那樣的電子購物商城也陸續出現。當然，NTT DATA 也跟著搭上創建購物商城的風潮，可是，就像是隔行如隔山，在我看來，根本完全行不通。

事實上，公司內部也有過那樣的情感糾結。套句 NTT 集團的說法，我們就是「專門拉管線的」。我們可以拉出管線，但管子裡面卻是毫無內容。

承包工作的缺點就是，只要按照客戶的話去做，一切就沒問題了。這樣的想法在承包業者的心底逐漸根深蒂固。

若以建築物來說，當顧客要求房屋要夠堅固時，可能連好不容易打造出的視野景觀都會被擋住。如果能設置穿堂，讓空氣流通，又能看到大海的話，住在這裡的人也會有好心情，也能提高生產力，但偏偏顧客缺乏這種體貼住戶的想像力。

我不喜歡這樣的工作模式。不光是當時的NTT DATA，很多地方都可以看到這種現象，如國家的自然人系統等，就使用者來說，真的很不好使用。

當然，我明白這其中有各式各樣的結構性問題。雖然明白，但我無法認同。「既然新事物不被期待，那麼只要乖乖照做，不讓顧客挑剔就可以了。」我很討厭這種委外承包的沒骨氣。

如果只是追求穩定，那樣的做法或心態或許沒什麼問題，但是，如果希望靠自己的力量做些什麼，就不要從事那種無法發揮想像力的工作。

53 別把離職當談判籌碼，這是最卑劣的技巧

我進入 NTT DATA 時，同期進入就職的人員約有四百人。同期中，我是第三個遞出辭呈的人。不過，前兩人是因為疾病而無法繼續任職。所以，嚴格來說，我是同期裡第一個因為轉職而離職的人。

當我向上司表明，自己因為轉職而希望辭職時，課長、部長紛紛慰留我、找我面談。

「好不容易才進入公司，就這麼離開，實在太可惜了。」「外面可找不到這麼好的公司。」當我表示要跳槽到瑞可利時，上司開玩笑的說：「聽說那間公司的離婚率很高。」

NTT DATA 並不是惡劣的公司。只是那裡沒有太多中途離職的人，換句話說，勸告、慰留我最好不要轉職的人，幾乎不了解外面的世界。

當然，那些人打從心底認為自己的公司很不錯，所以才為我操心，深怕我離開公司會後悔，我並不否認他們的真心，但那些慰留的話還是應該稍微打折扣。

基本上，就人際關係來說，我們應該接受那些誠心誠意、值得聆聽的話，但是，過與不及都不好。

就我的觀點來說，**一旦開口說要離職，那個人早晚都會離職的**。所以對主管階層來說，在知道對方可能離職之後，他們很難把重要的工作、具挑戰性的工作，交辦給那個未來可能離職的人。

另外，把留任當成談判籌碼的做法是最難堪的，明明沒有離職的覺悟，卻閃爍其詞，企圖用這種方式來達到談判目的，是最卑劣的交涉技巧。

或許上司可能被脅迫成功。但是，如果準備離職的人因此得逞，對於繼續留在那間公司的人來說，那個人的形象將會徹底崩壞。

既然你看到通往美好世界的道路，就不該接受慰留，而要往下個階段邁進！

54 用認股選擇權挖角你？小心這種公司

跳槽到風險投資企業的時候，公司往往會用認股選擇權作為誘餌，其實這個部分也需要特別注意。

「田端先生在LINE拿到了認股選擇權，好幸運喔！」或許有人會這麼說，但我覺得巧合而已。尤其在我考慮跳槽到未上市的風險投資、初創企業時，那些公司往往會在任聘條件加上認股選擇權。

很多人都這麼想：雖然那間公司的體制不夠完善，也幾乎沒什麼員工福利，不過，只要努力工作，搞不好有機會拿到認股選擇權，既然如此，就算年收入比原本的少，還是可以考慮進那間公司看看。

為什麼他們會這樣想呢？

因為在許多認股選擇權相關的故事裡，全是些因為認股選擇權而致富的成功人士。所以，大多數人都把認股選擇權當成踏進致富人生的白金門票。

事實上，這一切並非必然，我反而覺得太過誇張，其實許多認股選擇權都會變成廢紙。

所以，當你碰到有人提供認股選擇權來挖角，千萬注意其中的風險。

我在LINE任職時，絕對不會對任聘的人這麼說。因為那麼做，等於是撒下引起糾紛的風險種子。

事實上，要有多少認股選擇權才能真正的產生效用，取決於該公司的發展。

55 遇到好機會，降薪也要轉職

基本上，如果薪資比原本工作少的話，最好還是不要跳槽。雖然這麼說，但其實我自己也曾經降薪跳槽。當時我從康泰納仕跳槽到 LINE，某種意義上來說，可算是回鍋吧。

雖然康泰納仕是非上市公司，但在歐美媒體業界卻是一間相當有地位的公司。康泰納仕原本對數位化等先進科技採取相當保守、低調的態度，不過，歷經雷曼衝擊後，他們便開始積極的推廣數位化。我進入這間公司之後，感覺就像自己全權負責把日本分公司的商品數位化。當然，這份工作也讓我覺得極具挑戰性。

不過，就在進入康泰納仕的後兩年，我因為確信 LINE 很有潛力，而決定從康泰納仕跳槽到收購我的前東家活力門的 NHK JAPAN（現在的 LINE）。

我當時在康泰納仕的基本薪資約兩千兩百萬日圓，因為是外商公司的地區經理，所以薪資待遇不錯。我跳槽到LINE擔任執行董事時，基本薪資大約下降了二〇%至三〇%。畢竟是回鍋復職，難免有差別待遇。不過，我完全沒有半點不滿。

比起那些小事，最重要的是，當時是馬上回到LINE工作的好時機。因為我看到LINE可能靠通訊軟體創下驚人成長的趨勢，比起轉職後的年收入，趁勢搭上那股賺錢的潮流才是重點。最後，我確實在金錢方面獲得了足夠的回報，這份回報證明我的判斷是正確的。

既然我是專業人士，當然會對年收入有所執著，但只要心底確信，「如果不採取行動，肯定會後悔！」即便年收入會下降，我認為仍值得轉職。

因為那種能把自己帶向遠方，或運到至高點的大浪，可是人生中難得遇見。

56 所謂的品質，就是誰曾經說過它很好

雖說要提倡數位化，但我不是優先選擇網路業界，而是踏入康泰納仕出版企業，是因為曾擔任男性雜誌《BRUTUS》總編輯的齋藤和弘，離開 MAGAZINE HOUSE 出版社之後，成為日本版《時尚》（*VOGUE JAPAN*）總編輯兼康泰納仕日本分公司的社長。

我從小就很喜歡音樂，也非常喜歡以新文化為主題的雜誌，對我來說，憧憬齋藤和弘，就像足球少年崇拜貝克漢一樣。因為齋藤的能力很強，所以我希望能和他一起共事。

我曾和齋藤一起吃飯，我仍清楚記得當時的談話內容。

他說：「雖然我出生於山形農家那樣的鄉下地方，但是，我卻能在東大國文系畢業後，進入 MAGAZINE HOUSE 出版社工作。隨著時間流逝，曾幾何時，我居

然可以在米蘭時裝週，和繆西婭・普拉達（Miuccia Prada）共進晚餐。仔細想想，一路走來還挺漫長的。」

齋藤最棒的地方，是儘管身在時尚媒體之中，仍然可以冷靜的看待時尚。他剛加入《時尚》時，日本版《時尚》剛創立沒多久。在有美國、英國、法國、義大利等具權威的總編輯在的會議上，日本的席位是最後一個。

那樣實在太無趣了，於是齋藤便積極思考，該如何在《時尚》中提高自己的聲量。齋藤說，在雜誌或時尚的世界裡，**所謂的品質，到頭來就只是「誰曾經說它好」的政治性問題**。

在當時的時裝設計業界，湯姆・福特（Tom Ford）是最具影響力的設計師。所以齋藤先生便把目標放在湯姆身上，總是不斷思考，該怎麼做才能讓湯姆開口：「日本版《時尚》很不錯！」

最後，在某次採訪當中，湯姆說：「在全球《時尚》當中，我認為日本版《時尚》是最刺激且有趣的。」從那之後，日本版《時尚》和齋藤的行情便開始暴漲。

他甚至接到邀約，和極具影響力的設計師共進晚餐。

光是默默的想：「努力做出好的時裝雜誌」是不行的。關鍵在於什麼樣的人對它做出正面評價。既然如此，就要把希望贏得某人的誇讚視為目標，實際製作出讓那個人想主動誇讚的雜誌。

齋藤的厲害之處便是深刻意識到這一點，並且加以努力實踐。我認為他的那番話非常實在，徹底戳破了雜誌編輯或時尚等創意產業的本質，真正的成果是無法靠數字定義的，曖昧的評價標準才是主要關鍵。

57 光是表現優秀，不一定能成功跳槽

世界上有太多人認為，只要默默把事情做好，就能贏得讚賞，致富之路也會變得更加遼闊。例如，有些小說家以為只要寫出好的小說，總有一天能獲獎。

可是，這種想法實在太天真了。

若希望獲得芥川獎（按：日本文學的最高榮譽之一），就必須思考現在的芥川獎的評審委員是誰？那些審查委員的排序如何？應該先贏得誰的讚賞，才能牽動整個評審團隊的評分方向。

在學校，只要努力用功讀書，就可以獲得讚賞，但在社會上卻不是如此。

領薪族也一樣。很多人認定「只要把工作做好就行」、「反正只要為公司賣命就好」，而辛勤的工作。但這樣實在太沒志氣了。

如果真的希望出人頭地、升職加薪，就要思考誰決定自己的升遷、薪資，然後

以那個人為目標，以那個人的評分標準為基準。如果只是默默的等待公司賞識，基本上只是徒勞。就像前面曾提到的，「公司」只是概念，存在的是幫你評分的特定人士，也就是活生生的人。

「只要成為優秀人才，就能順利跳槽。」嚴格說起來，這樣的想法太過單純。**首先，轉職的最基本條件是，讓自己想去的公司主動來挖角**，這時，你要做足功課，讓可能成為你上司的人能指名你。如果你真心希望轉職，不管是推特、臉書私訊或其他方式，最好個別問候未來上司，主動推銷自己。

例如：「我非常想到貴公司任職。我擁有〇〇的資歷與實績，曾做過〇〇企劃，對〇〇感興趣，擁有〇〇專長，如果有幸進入貴公司，成為您的部屬，相信我能有所貢獻。」只要傳達諸如此類的內容就可以了。

你必須試著想像，同時培養推銷自己的能力，讓對方產生「我想見這個人」的念頭，這才是最重要的。

畢竟能否轉職的關鍵在於僱方，所以必須從對方的角度去思考：「為什麼我要雇用這個人？」

58 比起薪水，我更在乎誰是我的主管

常常有人問我：「你如何選擇跳槽目標呢？」也就是說，他們想知道該怎麼做，才能找到有利於自己的轉職工作。

我認為判斷關鍵，在於你是否能想像在未來的公司裡，可能和自己共事的人們的模樣，並且希望和他們一起工作。如果用旅行來比喻，就是一起旅行的夥伴。

但大多數人往往只想到這些：轉職後，自己想去的公司是什麼樣子？想做的工作又是如何？薪資待遇又有多少？

正因為是公司，所以肯定會有工作夥伴、有自己隸屬的團隊。

矽谷的初創公司在面試員工時，經常採用機場面試法：

自己需要和同事一起搭飛機出差，可是到機場後，才發現航班卻被取消了，必須等二十四小時，才會有下個航班。這是美國經常發生的狀況。

面臨這種狀況時，你會怎麼想？「我居然要和這傢伙在一起二十四小時！」或是，「如果和這個人一起的話，肯定不會無聊。不管怎麼說，自己一個人反而更是辛苦」。

像這樣，如果自己不願意和對方共處，就絕對不會採用。

以日本人最常碰到的情況來說，假設你在假日去購物中心，碰巧看到同事迎面走來，但對方沒注意到自己。想想看，你會不會想主動和他打招呼呢？

也就是說，雖然有沒有工作能力很重要，但在評估能力之前，人與人之間的互動是否良好？一起共事時，對方是否具備良好形象，是非常重要的。

轉職網站上公開招聘的案件，通常只會由人事部的人員進行面試，老實說，這樣根本**不知道進入公司之後，會和什麼樣的人一起共事，也看不到工作上的日常或人際關係，這樣的轉職其實具有相當高的風險**。

我絕對不會在完全不了解實際被指派的部門上司、同事是怎樣的人的情況下轉職，即便那間公司是多麼知名的百大企業，我還是想避免那樣的狀況。

如果我要轉職，為了讓自己能大聲說出，「我希望在這間公司、這個組織、這個人的底下，和這些夥伴們一起共事」，我會努力讓自己能叫出未來上司和同事的名字。我認為轉職前，先了解之後可能一起共事的夥伴，是最理想、風險較低，回報就會更多。

我是在年過三十後才開始這麼做。我會在轉職時挑選上司。雖然我不確定什麼樣的人會成為我的上司，但至少應該是個讓我願意在他底下做事的人。

對我來說，堀江、前澤就是少數讓我認為「這個人說的有道理」的人。如果不和自己值得敬重的人一起共事，你的領薪族人生就白費了。

59 好運，是磨練出來的

所謂的運氣，既不是自己能夠掌控的，更沒有具體的型態，就算想也沒有用。或許你會這麼想，但卻不能夠一笑置之。

企業經營者往往都很看重這一點。例如，面試時給人的印象，是「好像很倒楣」，基本上就不會被錄用。當然，這種不錄用理由絕對不會傳進當事人耳裡。「因為你看起來很倒楣，所以不考慮採用！」相信這樣的理由傳到當事人耳裡，也無法讓當事人認同，大家也會覺得很過分。

但其實這樣的現象很普遍。說得更清楚一點，**是因為給人倒楣印象的人，大多想法消極、負面，同時又具有被害意識**。

例如，這類人在面試時，明明面試官沒有詢問，他們卻自顧自的細數前東家的缺點、自己前一份工作有多麼辛苦。或許那個人真的有一段悲慘歷史，但在未來可能一起共事的全新職場，不應該刻意說出那些話。一旦講了那些話後，現場氣氛會變得尷尬，彼此就不能更好的交談。

就聘僱方的角度來看，那類人看起來就像是在設置警戒線，暗示自己或許會在緊要關頭堅持不住。

當然，如果因為患有某些疾病，有身心方面的顧慮，你可以大方坦言，「我固定每星期要去一次醫院，希望公司可以理解」，這樣的交涉內容並沒有什麼問題，也稱不上負面。這就是有沒有被害者意識的差異所在。

沒有經營者或管理階層願意採用，會刻意把周遭帶進負面情緒、看似倒楣的壞人。雖然這是無法說出口的真心話，卻是不爭的事實。

這則軼事的歷史真實性眾說紛紜，不過，我想還是可以分享給大家：日俄戰爭開戰時，擔任海軍大臣的山本權兵衛，打破以往的慣例，任命東鄉平八郎為聯合艦隊司令長。明治天皇詢問任命理由時，據說山本回答：「因為東鄉是幸運的男人。」

越是居於高位者，越是能夠明白個中道理。若問總大將（按：古代日本的武家職位之一）最需要的資質是什麼？答案就是絕佳的好運。如果某些能力、知識拙劣，或者是經驗不足，只要找能彌補其不足的人來擔任參謀或部屬就行了。可是，在面臨一分天下的關鍵決戰時，如果總大將的運氣不好，對組織而言，便是最糟的情況。

因為在組織裡面，越是位居高層，所承擔的責任範圍就越廣，而那個人根本無法徹底掌控自己的所有責任範圍。

既然如此，當部屬看著主管時：「雖然他非常勤奮努力、個性圓滑且敦厚，偏偏運氣不好、倒霉」，豈不是很糟糕嗎？相較之下，如果部屬想：「雖然上司開會時會打瞌睡，工作時也老是滑推特，不過，總覺得他運氣很好。雖然不知道為什麼，但只要有他在，工作格外順利。」這樣的大將反而比較好。

當然，我不是指，「這個世界凡事靠運氣，努力只是徒勞，所以要磨練自己的運氣」，這次的新冠疫情也一樣，只要在商場上打滾，免不了受到人以外的元素影響，所以必須面對運勢的好壞。若要提高好運，就應該盡量避免記恨、排擠他人等，可能對自己造成負面影響的行動。因為有時，運氣好的人能在關鍵時刻，憑著自己的直覺做出影響事情發展的關鍵決定，但其實那種直覺，也是來自於某種謙遜的態度。

凡事都與運氣無關。一切成果皆取決於自己的實力——這樣的想法固然沒錯，但是，如果讓我來說的話，這是有點冒險且傲慢的思考方式。

60 用假設採取行動，把失敗也列入假設

我以領薪族的身分轉職，**企圖挑戰新工作時，經常用假設來採取行動。**

我辭退LINE執行董事一職跳槽到ZOZO時，就曾這麼做。當然，前澤的挖角是我跳槽的最大主因，不過，除此之外，還有其他的理由：我之前一直負責承辦公司法人的廣告業務，從大局來看，我認為廣告業務應該很快就會確定投入數位化。

在未來，廣告業務的概念將會超越傳統，成為企業市場行銷的主流——這是我的假設。之所以如此假設，是因為我已經在廣告媒體業界打滾十年、二十年，在自己想做的事情範圍內，嘗試過各式各樣的假設，進而累積了豐富的經驗。

例如，前澤在推特上發起的發紅包活動也是如此，換個角度來看，或許那是一種全新的廣告型態。

投入幾十億日圓，請廣告代理商製作廣告或舉辦宣傳活動，和免費發送點點緊

身衣ZOZOSUIT（按：由購物平臺ZOZOTOEN以「在未來不是人配合尺寸，而是尺寸配合人。」為宗旨，標榜ZOZO App能透過衣服上的感應點，來測量身體尺寸，期望解決網路購物，衣物不合身的問題）或紅包，就本質意義來說，哪種方式才能擴大我們的認知、全新建立並加深與顧客之間的關係呢？

我在ZOZO是以執行董事的身分，擔任傳播設計室的室長，我認為我是屬於後者。

用假設迎接新挑戰，難免失敗，就像是科學實驗一般，即便是天才科學家，也無法一開始就完成實驗，得到如自己所想的成果。**失敗，不過是成功的過程之一**。

暢銷書《富爸爸，窮爸爸》作者羅伯特・清崎（Robert Toru Kiyosaki）在著作中，寫下有一段關於萊特兄弟挑戰人類在天空飛翔的夢想故事，令我十分感動。

過去有許多人挑戰那個夢想，最後不僅失敗，更因此喪命。萊特兄弟為了試飛萊特飛行器（Wright Flyer），選擇滿是砂地的遼闊平原，作為飛行實驗的場所。

光是這樣，大家應該能從中了解到該次試飛的含意：萊特兄弟把失敗納入他們的飛行計畫中。

這是非常正確的態度。如果選擇更受矚目的場所，例如懸崖，或許他們可以十分瀟灑的在那麼高的地方飛翔，可是，萬一試飛失敗，造成重傷或死亡，一切實驗就毫無意義了。這個重要的觀念也適用於轉職、創業，或是投資，可是，會這麼認為的人，卻出乎意料的少。

出國旅行也一樣，造訪陌生國度時，實際狀況與事先調查的資訊完全不同，也是理所當然的。所以很有可能會碰到突發狀況、意外等令人不快的事情。

可是，為了避開這些狀況而選擇一直待在自己的國家，就是正確的態度嗎？當然不是。出國旅行本來就可能發生任何事情。除了你必須守護的生命和護照之外，你只需要承擔一些風險，盡情享受國外才有的特殊體驗就足夠了。

轉職、創業也一樣。只要做出假設，以某程度的失敗為前提，做好萬全準備再勇敢挑戰，就能避免失去希望守護的事物。

61 跳槽的前提：不能影響家計

為了挑戰自己，你考慮跳槽轉職。可是，家人的極力反對，使你遲遲跨不出第一步。這就是所謂的「老婆障礙」。

如果你是單身男性，希望婚後不會發生那種事，或許只要先了解老婆娘家是什麼樣的家庭就可以了。

就拿我妻子來說，她父母在東京下町經營中小企業。因為她不是在領薪家庭長大，所以妻子認為，與其當別人的員工，不如自己闖些名堂。因此，雖然她沒說，但我以員工身分去公司上班時，能感受到她在想「到底還要當多久的領薪族？」

也就是說，只要事先了解配偶過去在什麼環境工作、對錢的態度如何，就可以知道，當自己在挑戰包含轉職在內的新事物時，對方會贊成，又或是小心謹慎。

如果你已經結婚，而你的妻子較無法承受風險的話，你在準備轉職或挑戰金錢相關的新事物時，就必須先向妻子承諾，今後交給她的生活費絕對一毛不少。

假設你過去的月薪是三十萬日圓。新職場的薪資制度是二十五萬的底薪，再加上營業額的一〇%，也就是說，業績好的話，收入就會比之前高，反之，收入就會比過去少。如果是那樣，你可以做好掏私房錢填補差額的心理準備，讓自己能持續給家人相同金額的生活費。這麼做或許有點極端，但是，只要有那種程度的覺悟，你就可以嘗試新的挑戰。

我的想法是，**愛情固然重要，但家人畢竟仍是個經濟共同體**。身為家中的一份子，當然必須盡到承擔義務。若是沒有半點考慮，直接離職，接受全新的挑戰，著實不太好。

反過來說，只要能善盡經濟責任，另一半自然就不會對你的工作或轉職有任何意見。基本上，女性多半比較實際，與其為她們織夢或製造浪漫，不如讓她們看到現實。

轉職之後，一旦薪資有所提升，就帶著家人搬進更大的房子、換更好的車，或者來一趟夢寐以求的國外旅行等，只要能夠展現出價值，不論什麼樣的事都可以。

就某種意義上來說，妻子正視風險的態度非常正確。畢竟誰都不能保證，轉職就一定能一帆風順。而且，就算當事人可以看到轉職後的某些未來展望，但在妻子的眼中，卻是什麼都看不到。

或許自古以來便是如此，獲得另一半認同的唯一方式，就是帶回比過去「更大的獵物」。如此，另一半才會認定，這個人的轉職並不單只是為了自己，而是為了增加收入，讓家人有更美好的回憶。

唯有透過某種形式表現出來，另一半才能真正了解，放手讓那個人去做他想做的事情，自己和家人就能得到幸福。

62 最強副業公式：興趣×實際利益

從事副業的現象相當普遍。雖說這是好事，但就我的角度來看，卻也有人從事「不應該做」的副業。

當然，要做什麼副業是個人自由，但是，就算為了變成有錢人而在假日站在超商收銀機面前打工，就現實來說，仍然無法靠近有錢人的世界，只是出賣自己的時間罷了。

為什麼有些人會選擇收銀打工呢？因為欠缺「資本」。

所謂的資本並不單指大筆的金錢。事實上，很少人會做，但實際上卻有需求的知識，也是十分出色的資本。

假設，有個中古車商的員工非常喜歡露營，累積許多露營相關商品的知識，同時也很懂得如何享受露營樂趣。現在，因新冠疫情使人們開始對可以開車出門，又能減少與他人接觸的露營車，產生高度的興趣。如果他能把中古車改造成露營車，以共享服務（Sharing service）等方式對外出租，或許會有人願意買單。

喜歡吃咖哩，甚至還親自購買香辛料回家調製咖哩配方的人，或許很難馬上開一家自己的咖哩店，但只要運用取得營業許可的共享廚房（Shared kitchen），參加研習，進一步取得食品衛生責任者的資格，也能以假日限定的方式販售咖哩，而且還能免除店租等負擔。

只要在假日期間，透過Uber Eats販售一份一千日圓，一天限量三十份的特色咖哩，光是週末就能獲得營收六萬日圓。如果賣出的咖哩在網路上引起熱烈討論，搞不好還有機會和食品製造商合作。

這些都是運用資本的賺錢方式。

即便是因興趣而累積的知識，也能依運用的方法，成為巨大的資本。

或許有人覺得投資和創業的門檻很高，但事實上，你也可以從興趣開始。而且比起因陷入困境而開始從事副業的人，因為喜歡而開始研究、積累的資本，反而更占優勢。

這類人只要努力經營 Instagram 等社群軟體，讓自己擁有更多的粉絲，之後的發展就能以倍數成長。

同樣都是副業，在週末或深夜在便利商店打工，和時薪一千日圓的副業相比，哪一種的發展性會更多呢？

沒有任何興趣的人就算突然想做副業，也只能選擇兼職打工而已，因為他們過去沒有半點研究積累。

對領薪族來說，邁向致富之路的關鍵，**應是持續的累積各種知識與經驗，就算當前的興趣無法變成鈔票，未來仍有可能變成自己的資本，不該只是散漫的度過週末假期。**

63 在對的時間，出現在對的地點

在矽谷經常能聽到這麼一句話，**大部分的成功都來自於「在對的時間，出現在對的地點」**。

我的人生也總是在對的時間，出現在對的地點，所以才能一帆風順。這句話不光適用於工作或職涯，也可以套用在金錢或投資上面。

然而，出乎意料的是，許多人都不了解這一點。例如投資股票時，大家總是專注在應該購買哪支股票上。

但不論買進的股票有多好，一旦搞錯買進或賣出的時間，還是會造成虧損。相反的，就算買不被看好的低價股（Low-priced Stock），只要買進、賣出的時機正確，也能大撈一筆。

這就像無論衝浪者的技術多麼高超，一旦海面上沒有海浪，終究也只是個凡人而已。然而，即使衝浪者的技術只有中等，只要總是能碰到不錯的海浪，還是能夠充分的享受衝浪樂趣。

所以我一直都很看重「何時？何地？」這樣的定位與時機。

我在大學生時期，正好碰到九〇年代後半的首波網路風潮。從那之後，我就把時間全都花費在網路上頭，正因為如此，我現在才能有豐碩的成果。

我記得非常清楚，當時還沒有光纖網路和智慧型手機。每次上網都要透過電話線撥接。所以當時，每個月的電話費都要花五萬、六萬日圓。

對於自己一個人住的大學生來說，這樣的支出可說是相當沉重的負擔，甚至足以危及生活開銷，但是，就像我在前文說的，我之後開始靠製作網站賺錢，每個月都能賺進三十萬、五十萬日圓，因此，之後的網路連線費用就不再是問題了。

就某種意義來說，這也可算是種投資。

因為我在網路初期，競爭對手還沒有很多的時機點，把自己的時間和金錢投資在那裡，所以才能獲得比他人更多的回報。

當然，當時我並沒有「這麼做就是種投資」的自覺。不過，我很認真的思考，該怎麼做運用對自己有利的環境和時間，來透過業務委託，承接網站製作的工作。

因為留級的關係，我必須繼續去學校上課。所以，我無法去委託客戶的公司，使用客戶的辦公設備。由於當時也沒有所謂的雲端空間，所以我買磁碟機和硬碟，把素材資料複製到硬碟，以方便在自己的家裡進行作業。這也算一種設備投資。

如此一來，我就能更加自由的工作，不受限於地點和時間，完成客戶的委託，只要能在截止日之前完成網站，也不用進公司工作。

恪守交期，持續累積信賴，就能有更多的議價空間，同時也能承接到更多的其他工作。就像這樣，如何在適當的時間與地點推銷自己，以增加更多客戶，是非常重要的事情。

64 成功的時候，記得感謝運氣

「Connecting the dots.」意思是，你無法預先串聯現在所發生的點點滴滴，只有在未來回顧今日時，你才會明白這些事情是如何串在一起。

我很喜歡蘋果創辦人史蒂夫．賈伯斯（Steve Jobs）說的這句話。

仔細回顧自己的過去，在各種意義層面上，我一直覺得自己非常的幸運。

我所做的一切，並非打從一開始就預料好。聽到我這麼說，年輕人或許會覺得有點失望，但是，一個人的成功，絕大部分都是來自於運氣。

或許是因為我有很多人生歷練，所以才會覺得運氣非常重要。當然，我自己也是靠著努力過來的。可是，付出相同努力，但是過程卻不順遂的人，也大有人在。

為什麼我會說成功和運氣有關？

因為「自己的成功有絕大部分靠運氣」，這樣的想法能讓自己一直保持謙虛的態度。**「成功應該感謝運氣」，這句話並不是主張，而是實際的處世之道。**

如果認為自己的成功，全都來自於自己努力的成果，你就不會對旁人產生感激之意。反之，認為自己會有現在的成果，是因過去受到許多人的幫助，所以更會感恩、珍惜那些肉眼所看不見的際遇。

如果認為成功與運氣、他人無關，一切全都取決於自己，人就會變得傲慢、自大，這種態度肯定會在某處成為迴旋鏢，回過頭來摧毀自己。

如果以得失計算，我認為感恩、謙虛、誠實，可以讓自己獲得更多。

後記
這世上，有錢買不到的東西嗎？

「萬事皆可達，唯有情無價」，我非常喜歡這句出色的廣告臺詞。

那麼，「金錢買不到的東西，到底是什麼？」對我來說，只要在死之前，體驗「用錢買不到的價值，用錢買不到的快樂」，人生就再也沒有什麼遺憾了。

「那個時候真的好開心、好快樂！」這樣的回憶跟體驗，全都是金錢所買不到的。就拿我來說，我很幸運的在 LINE 上櫃上市時，敲響東京證券交易所的鐘聲，那便是金錢所買不到的回憶。

在上市儀式敲響敲鐘，並不是隨便開口說一句「給你錢，讓我敲一下」就能辦到的。就算擁有一百億日圓資產的繼承人，成立了資本額一百億日圓的公司，也未必能讓股票上市的鐘聲響起。

因此，敲響東京證券交易所的鐘聲，這樣的體驗是用錢都買不到的。

至於工作方面，我曾跟自己同世代的傳奇人物——堀江、前澤——共事。這份經驗也是金錢買不到的。

以直屬部屬的身分，在傳奇創業家的身邊工作，對於我來說，這樣的經歷比砸下數千萬日圓，在美國知名商學院考取MBA來得更有價值。

也有人認為，我成天只關心錢、追著錢跑。因為那是個人的評論，所以我也不打算逐一回應或反駁，但就我個人來說，在自己的人生中，有許多豐富的經驗都是用錢買不到的，那些經驗遠比自己的資產或收入更值得誇耀。

事實上，成天只追著錢跑的人，無法成為真正的有錢人。

從請客吃飯，那種再熟悉不過的事情，開始踏出培養致富思維的第一步吧！

不需要刻意的想，請客對象是不是好人。或許時間久了，自然能慢慢接納對方。如果真的不喜歡那個人，下次別找他吃飯就行了。

我認為致富之道就在於，你是否相信有錢無法衡量價值的事物，以及是否擁有金錢方面的美學與哲學。

如此，你的胸懷才會變得更大。

無論有多少的金錢流動，若胸懷不夠大，錢永遠都不會留下來，就算擁有中樂透頭彩的絕佳好運，有好幾億日圓放在自己眼前，那些錢仍然會在頃刻間消失殆盡。甚至金錢使用不當，反而可能搞砸自己的人生。

那樣的人稱不上是有錢人。

真正的有錢人會有更大的胸懷，足以容納更多、更豐富的事物。

我不認為這本書有辦法徹底說明一切，但至少大家可以把它當成材料，用它來擴大你的胸懷。這便是我寫這本書的想法。

只要能了解什麼是用錢買不到的價值，就能真正了解「錢其實沒有什麼了不起」，進而擺脫錢的煩惱，讓自己變得更加自由。

我衷心期盼藉本書，讓大家不再因為沒錢，而放棄自己希望在人生中完成的某些事物，不再為錢工作，而是為了讓自己的人生更加充實，讓錢為自己工作。

國家圖書館出版品預行編目（CIP）資料

收入增長10倍的致富行為：固定不等於穩定，不冒險才是高風險，不必多10倍努力，口袋自動加深10倍的理財思維。／田端信太郎著；羅淑慧譯. -- 初版. -- 臺北市：大是文化有限公司, 2022.01
224面; 14.8×21公分. --（Biz；383）
譯自：これからのお金の教科書：年収の伸びしろがケタ違いになる視点65
ISBN 978-626-7041-55-0（平裝）

1. 理財　2. 財富　3. 成功法

563　　110019530

Biz 383

收入增長 10 倍的致富行為

固定不等於穩定，不冒險才是高風險，不必多 10 倍努力，口袋自動加深 10 倍的理財思維。

作　　者／田端信太郎
譯　　者／羅淑慧
責任編輯／陳竑悳
校對編輯／黃凱琪
美術編輯／林彥君
副總編輯／顏惠君
總 編 輯／吳依瑋
發 行 人／徐仲秋
會　　計／許鳳雪
版權專員／劉宗德
版權經理／郝麗珍
行銷企劃／徐千晴
業務助理／李秀蕙
業務專員／馬絮盈、留婉茹
業務經理／林裕安
總 經 理／陳絜吾

出 版 者／大是文化有限公司
臺北市衡陽路 7 號 8 樓
編輯部電話：（02）23757911
購書相關資訊請洽：（02）23757911 分機 122
24 小時讀者服務傳真：（02）23756999
讀者服務 E-mail: haom@ms28.hinet.net
郵政劃撥帳號／ 19983366 戶名／大是文化有限公司

香港發行／豐達出版發行有限公司
Rich Publishing & Distribution Ltd
香港柴灣永泰道 70 號柴灣工業城第 2 期 1805 室
Unit 1805, Ph.2, Chai Wan Ind City, 70 Wing Tai Rd, Chai Wan, Hong Kong
Tel：21726513　Fax：21724355
E-mail：cary@subseasy.com.hk
法律顧問／永然聯合法律事務所

封面設計／林雯瑛
內頁排版／邱介惠
印　　刷／鴻霖印刷傳媒股份有限公司
出版日期／2022年1月初版
定　　價／新臺幣 360 元
I S B N ／978-626-7041-55-0
電子書 ISBN ／ 9786267041574（PDF）
9786267041611（EPUB）